FALKEN
BÜCHEREI

Hannelore Pilss-Samek

Ski-Gymnastik

Fit für Piste und Loipe

FALKEN VERLAG

CIP-Kurztitelaufnahme der Deutschen Bibliothek

Pilss-Samek, Hannelore:
Ski-Gymnastik: fit für Piste u. Loipe / Hannelore Pilss-Samek.
[Fotos u. Zeichn.: Siegfried Pilss].
– Nachaufl. – Niedernhausen/Ts.: Falken-Verlag, 1983.
(Falken-Bücherei)
ISBN 3-8068-0450-8

ISBN 3 8068 0450 8

Fotos und Zeichnungen: Siegfried Pilss
Trainingsanzüge: Blickles International, Ahorn-dress
Gesamtherstellung: Neuwieder Verlagsgesellschaft mbH, Neuwied

817 2635 4453

Inhalt

Höchste Zeit für Skigymnastik

Noch nie zuvor war Skifahren so voller Dynamik wie heute, noch nie zuvor war die Harmonie von technischem Können und Bewegungserlebnis im Schnee so vollkommen. Es liegt allein an uns, ob wir dank sinnvoller Vorbereitung ein Maximum an Können, besonders aber an Sicherheit erreichen.

Die meisten unter uns sind „Skifahrer auf Urlaubszeit", für die meisten stehen bestenfalls 14 Tage Ferien und eventuell einige schneereiche Wochenenden zur Verfügung. Diese Zeit ist aber zu kostbar, als daß sie aus Mangel an zweckmäßiger Vorbereitung verdorben werden dürfte. Abgesehen von der Fahrsicherheit macht es wenig Spaß, tagelang mit zitternden Knien und von Muskelkater geplagt talwärts zu gleiten und aus Mangel an Körperbeherrschung bereits vom geringsten Hindernis umgeworfen zu werden.

Wie wichtig Skigymnastik für jeden Wintersportler ist, ist schon daran zu erkennen, daß Leistungssportler oder Teilnehmer der Olympischen Spiele nach einem fachwissenschaftlich ausgearbeiteten Trainingsplan vorbereitet werden, nicht nur, um Sekundenbruchteile schneller als andere zu sein, sondern um dank ihrer Superkondition enormes Standvermögen und große Bewegungssicherheit zu erreichen.

Wer ohne Kondition startet, ist von Anfang an unfallbereit. Steife Gelenke und mangelhafte Reaktion sind die Hauptursache aller Skiunfälle. Die Unfallquote wäre wahrscheinlich bei weitem nicht so hoch, würden nicht soviele Wintersportler über ihre Verhältnisse fahren. Zu diesem Fehlverhalten zählen nicht nur das Befahren von Steilhängen oder zu langer Abfahrten, sondern auch mangelhafte Kondition, unsachgemäße Ausrüstung, falsches Verhalten auf Piste oder Loipe. Langläufer sind allerdings weniger gefährdet, weil ihr Bewegungsablauf sie Zug um Zug in Schwung bringt, sie somit gar nicht in die Situation kommen, sich von Anfang an zu überfordern. Es liegt an den Wintersportlern selbst, wie sie ihre Kräfte und ihr Können zu ihrer Freude einsetzen. Schließlich ist die Gesundheit ein entscheidender Faktor beim Aufenthalt in der sauberen Schneeluft.

Die Sportpädagogen wissen aus Erfahrung um den Wert jedes Konditionstrainings. Sie hören immer wieder von den Urlaubsskifahrern: „Kaum habe ich das Können und die Sicherheit des Vorjahres erreicht, ist die Ferienzeit im Schnee vorbei!" Fortschritt und Vergnügen sind also abhängig von der körperlichen Verfassung des Skifahrers. Wie bei jedem anderen Sport gehört auch zum Skifahren ein gewisses Maß an Leistungs- und Erfolgserlebnis, damit man viele Jahre Freude daran haben kann. Wer Wochen zuvor Skigymnastik übt, startet unter wesentlich besseren Bedingungen als der unvorbereitete Winterurlauber. Skigymnastik ist durchaus keine langweilige Angelegenheit, sondern kann daheim sehr abwechslungsreich gestaltet werden.

Soviel als Aufmunterung zum Mitmachen.

Konditionstest

Wie steht es tatsächlich mit Ihrer Beweglichkeit und Ausdauer? Mit Hilfe einfacher Aufgaben kann man sehr einfach feststellen, wo die Schwächen liegen und in welche Richtung gezielt trainiert werden muß. Es handelt sich dabei um keine ausgesprochene Leistungsprüfung, sondern allein um eine Kontrolle an „neuralgischen Punkten" des Körpers – selbstverständlich mit Rücksicht auf die Anforderungen, die der Skisport an den Läufer stellt.

8 Testaufgaben genügen, um Muskeln und Gelenke, allgemeine Körperbeherrschung und Ausdauer zu prüfen. Außerdem haben diese Proben den Vorteil, zugleich als Trainingsübungen wertvoll zu sein, wenn sie wiederholt durchgeführt werden. Wer sich also in regelmäßigen Abständen diesen Testaufgaben stellt, hat die Garantie, fit zu bleiben. Dies gilt nicht nur für den Skisport, sondern auch für jede andere Sportart, denn elastische Knie, Wendigkeit und Schnellkraft sind eine wichtige Voraussetzung für Wohlbefinden und sportlichen Erfolg.

Mogeln Sie beim Training nicht! Spätestens auf der Piste oder nach wenigen Kilometern Langlauf kommt man zur Erkenntnis, es zu oberflächlich mit der Skigymnastik gehalten zu haben.

Schnellkraft, speziell in den Beinen

Können Sie, eine Hand auf die Stuhllehne, die andere auf die Sitzfläche gestützt, die Fersen im Sprung hinten anschlagen?

Wenn nicht, dann zuerst mit aufgestützten Armen auf der Stelle laufen, langsam beginnen, immer mehr wegschnellen, bis zum Sprung beider Füße steigern.

Kniegelenk

Können Sie in der Ausfallstellung, einen Fuß auf den Sessel stellen, 8–10 mal bei geradem Rücken tieffedern, Arme locker schwingen lassen? Können Sie es mit dem anderen Bein ebenso ausdauernd?

Wenn nicht, dann zuerst mit Aufstützen der Hände üben, nur 2–3 mal tiefwippen, von Tag zu Tag steigern. Wichtig ist, daß beide Beine gleich intensiv getestet und trainiert werden.

Test 3

Wendigkeit, besonders um die Körpermitte

Können Sie, die Hände auf die Stuhllehne gestützt, das rechte Bein nach links, dann das linke nach rechts hochschwingen, also das Becken um 180 Grad wenden?

Wenn nicht, dann zuerst ohne „Hindernis“, also ohne Abstützen der Hände versuchen, mehr und mehr um die Taille elastisch werden, immer schwungvoller trainieren.

Bauchmuskeln

Können Sie im Sitzen, ohne Festhalten der Hände, die Beine 10 Sekunden waagrecht vorstrecken, dabei sogar ruhig weiteratmen?

Wenn nicht, dann zuerst die Übung mit Festhalten an der Sitzfläche ab 3 Sekunden aufwärts steigern, es später freihändig probieren. Bei sehr schwachen Bauchmuskeln kann das Training auch einbeinig gestartet werden.

Test 5

Arme- und Schultertraining

Können Sie die auf die Sitzfläche gestützen Arme beugen und strecken, wenn Sie die Beine gut einen Meter entfernt durchstrecken?

Wenn nicht, dann versuchen Sie es zuerst mit geringerem Abstand und mit leichtem Beugen der Knie, vergrößern Sie dann die Entfernung und strecken Sie die Beine stärker. Eine Übung, besonders für Langläufer geeignet.

Hüftstreckung und Schwungkraft der Beine

Können Sie, mit Aufstützen der Hände, ein Bein weit nach hinten wegschleudern, dabei die Arme beugen und den Oberkörper senken? Gelingt es mit dem anderen Bein ebenso gut?

Wenn nicht, dann üben Sie zuerst mit geradem Rücken, also ohne Hilfe der Hände, steigern den Schwung nach hinten, wiederholen die Übung mit jedem Bein 5–10 mal. Dann mit tiefgesenktem Oberkörper weiterüben.

Test 7

Oberschenkel und Balance

Können Sie, einen Fuß auf den Stuhl gestellt, zum Stand auf einem Bein hochdrücken, mindestens 3 Sekunden oben in der Balance bleiben? Gelingt es mit dem anderen Bein zumindest ebenso sicher?

Wenn nicht, dann zuerst mit dem „freien" Bein nur leicht vom Boden wegschnellen, immer höher drücken, bis das Bein auf dem Stuhl ganz durchgestreckt werden kann. Beide Beine gleich ausdauernd beanspruchen.

Test 8

Allgemeine Körperbeherrschung und Ausdauer

Können Sie das rechte Bein 10 mal hintereinander in hohem Bogen über die Stuhllehne schwingen? Gelingt Ihnen dies ebenso mit dem linken Bein?

Wenn nicht, dann den Beinschwung zuerst ohne Stuhlhindernis üben, den Schwung und die Ausdauer beständig steigern und vergrößern. Zwischendurch zur Entspannung die Beine schütteln und lockern. Später dann den hohen Beinschwung im Sprung ausführen.

Fit auf die Piste

Ein paar Kniebeugen allein genügen nicht, um Wendigkeit, Reaktionsvermögen und Elastizität zu erzielen. Man braucht vielmehr ein Ganzkörpertraining, das sowohl Muskeln und Gelenke kräftigt, vor allem aber auch Herz und Kreislauf schult.
Achten Sie daher beim Training stets auf die Atmung.
Nur bei richtiger Verbindung von Bewegung und Atmung kann eine Dauerleistung erzielt und damit das Training sinnvoll gestaltet werden. Nicht das gedankenlose Herunterturnen irgendwelcher Übungen, sondern die bewußte Freude an der eigenen Bewegung und Beweglichkeit machen das richtige Konditionstraining aus.
Doch eines ist sicher, Skifahren kann man nicht daheim in Form eines Trocken-Kurses erlernen. Daher werden heute auch keine Stellungen mehr geübt, die zur Verkrampfung der Beine führen, sondern schwungvolle Übungen, die den Anforderungen der modernen Skifahrtechnik gerecht werden.

Das Ziel des Trainings

- Allgemeine Körperbeherrschung und Reaktionsvermögen
- Kräftigung der Beine, besonders der Knie- und Fußgelenke
- Gefühl für rhythmischen Bewegungsablauf
- Ausdauer und Bewegungssicherheit.

Weder ein spiegelblanker Fußboden noch schwere Stiefel oder gar die Verwendung von kleinen Trainingsskiern aus Kunststoff können die tatsächliche Situation auf der Piste vortäuschen.

Was trägt man zur Skigymnastik?

In Trainingsanzug oder Turnkleidung, in Sportschuhe oder auch barfuß üben, um guten und damit sicheren Halt auf dem Boden zu haben. Auf Teppichboden oder Holzboden turnen, harten Steinboden und rutschige Teppiche vermeiden. Beengende Kleidungsstücke ablegen. In gut durchlüftetem Raum üben, sich Platz schaffen.
Nicht mit vollem Magen beginnen.

Aufbau des Trainingsplanes

Am besten ist es, bereits 8 Wochen vor dem Skistart mit dem Trainingsplan für Anfänger zu beginnen, dann ab der 5. Woche mit dem Plan für Könner weiterzuüben. Ob Sie zu den Anfängern oder zu den Könnern zählen, hat weniger mit Ihren Skifahrkenntnissen als vielmehr mit Ihrer momentanen Kondition zu tun. Wer das ganze Jahr über Sport in irgendeiner Form, besonders aber Gymnastik betreibt, kann gleich das Programm für Könner wählen.
Jede Übung nicht nur probieren, sondern sie zumindest 10 mal – wenn nicht anders beschrieben – wiederholen. Sich auf den Bewegungsablauf konzentrieren, also bewußt trainieren. Die beim Konditions-Test festgestellten „Schwächen" nicht übersehen, sondern besonders berücksichtigen und beseitigen. Jedes Trainingsprogramm ist so aufgebaut, daß an seinem Anfang ein Ganzkörperschwung bzw. ein lockeres Hüpfen steht, um Herz und Kreislauf anzuregen. Dann folgen gezielte Übungen für Körpermitte, Beine und Oberkörper.
10 Minuten Zeit sollten Sie sich also stets für die Gymnastik nehmen.

4-Wochen-Trainingsplan für Anfänger

1. Woche

1. *Zum In-Schwung-kommen*

Füße schließen, Arme hochstrecken, einatmen. Die Arme im Tiefschwung an den Beinen vorbei weit nach hinten auspendeln, dabei locker in den Knien nachgeben, ausatmen. Wieder bis zur Körperstreckung aufrichten, einatmen. Fest auf beiden Fußsohlen stehenbleiben, das Tief-Hoch steigern.

2. *Beweglich um die Mitte*

Beine in den Grätschstand, linke Hand einstützen. Den rechten Arm in Schulterhöhe zweimal nach hinten federn, Oberkörper mitdrehen, einatmen. Dann zweimal locker zum linken Fuß tieffedern, im linken Knie nachgeben, ausatmen. 4 mal, dann ebenso nach der anderen Richtung üben.

3. *Gewichtsverlagerung*

Grätschstand, mit geradem Rücken stehen, Arme seitlich hängenlassen, einatmen. Gewicht nach links verlagern, dabei das linke Knie extrem beugen, zweimal außerhalb des Fußes zum Boden greifen, ausatmen. Wieder aufrichten, einatmen. Anschließend nach der anderen Seite verlagern und tieffedern.

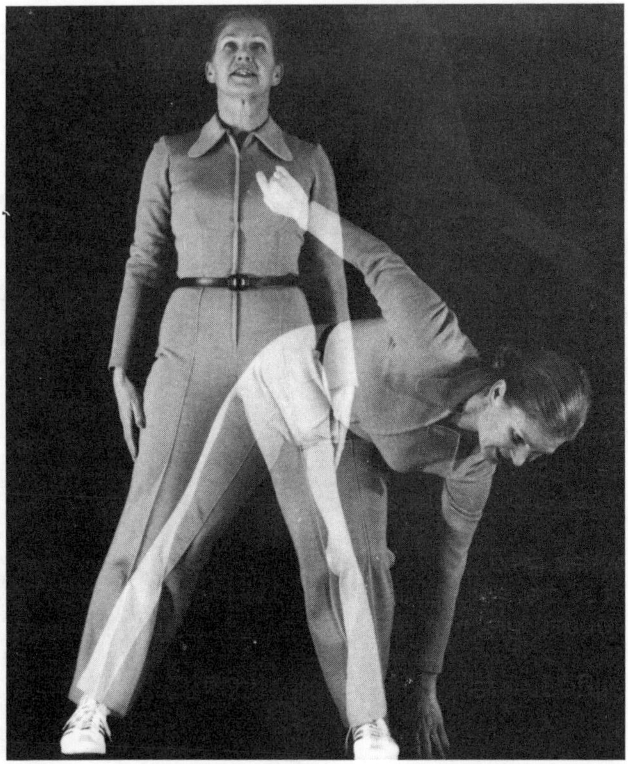

4. *Training der Bauchmuskeln*

Langgestreckt auf dem Rücken liegen, einatmen. Mit Schwung den Oberkörper aufrichten, zugleich ein Bein hochschwingen, hinterm Bein in die Hände klatschen, ausatmen. Wieder liegen, entspannen, einatmen. Beim nächsten Mal das andere Bein hochschleudern.

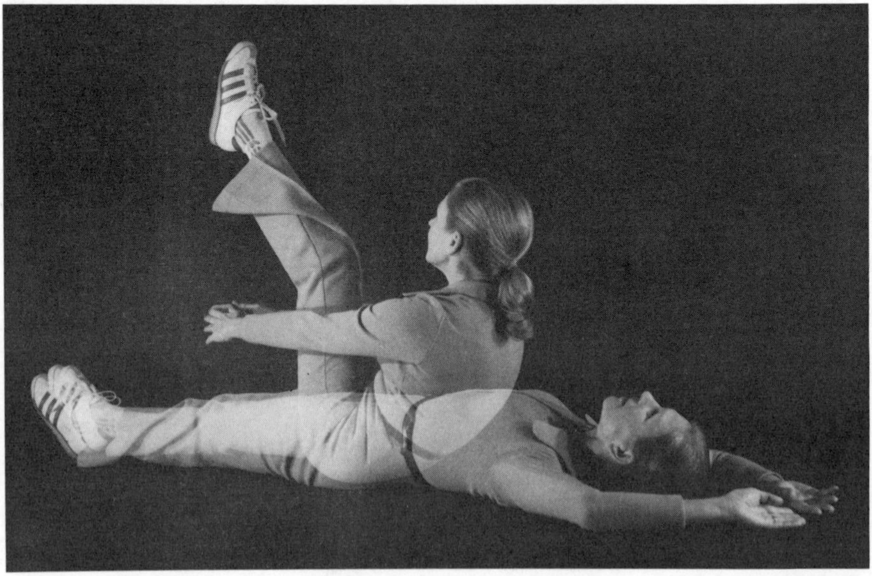

5. *Lockerung der Kniegelenke*

Rückenlage, Hände unter den Kopf schieben, Ellbogen auf dem Boden liegen lassen. Beide Beine anhocken, Füße abheben, und nun die Unterschenkel mindestens 10 mal senkrecht hochschleudern und wieder gegen die Oberschenkel fallen lassen. Dann lang auf den Boden strecken, ausruhen, die Übung wiederholen.

1. *Lockerung der Beine*

Mit geschlossenen Beinen stehen oder eine kleine Schrittstellung einnehmen. Die Arme zweimal hoch- und rückfedern, dabei den Rücken extrem strecken, einatmen. Dann rasch in die Knie fallen, Hände auf den Boden stützen, zweimal unten nachfedern, ausatmen.

2. *Training zum Hüftknick*

Fest auf beiden Fußsohlen stehen, Oberkörper nach rechts neigen, viermal mit der rechten Hand an die äußere Fußkante greifen, zugleich die Knie aneinandergedrückt leicht nach links federn. Sich zwischendurch aufrichten und nach der anderen Richtung üben, also nach links tiefgreifen, die Knie nach rechts drücken.

3. *Kräftigung der Knie und Arme*

Kniestand, beide Hände neben den Knien auf den Boden stützen. Nun die Beine hochdrücken und strecken, zugleich die Fersen zum Boden bringen (wollen!), ausatmen. Wieder zum Kniestand senken, einatmen. Von Tag zu Tag steigern, die Übung energisch durchführen.

4. *Dehnung der Beinmuskeln und -sehnen*

Auf dem Rücken liegen, Hände unter den Kopf legen, die Beine senkrecht hochstrecken. Nun die Beine über den Körper nach hinten kippen, zugleich die Fersen nach oben drücken, bis eine Spannung an den Waden spürbar wird. Dann wieder zur Senkrechten senken und die Fußspitzen hochstrecken. Beim Kippen der Beine das Becken abheben, ausatmen.

5. *Schnellkraft in den Beinen*

Hände einstützen, zweimal auf dem rechten Fuß hüpfen, dann seitlich wegschnellen und zweimal auf dem linken hüpfen. Mit ganz leichtem Federn beginnen, immer weiter ausgreifen, nicht hart aufspringen, sondern sehr elastisch in den Gelenken nachgeben. Man kann die Arme auch in der Hüpfrichtung mitschwingen lassen, sich extrem seitlich bewegen.

3. Woche – Übungen mit Stock und Schirm

1. *Knievorlage*

Stock mit beiden Händen etwa in Schulterbreite halten, Arme vorstrecken. Im Tiefschwung rechts an den Beinen vorbei weit nach hinten pendeln, dabei die Knie extrem vordrücken, Fersen auf dem Boden lassen, ausatmen. Wieder aufrichten, Arme vorschwingen, einatmen. Anschließend im Tiefschwung nach der anderen Seite pendeln.

2. *Standfestigkeit*

Mit geschlossenen Beinen stehen, Stock waagrecht vorhalten. Oberkörper vorneigen, Stock senken und einen Fuß daraufstellen, ausatmen. Wieder aufrichten, einatmen, Beinwechsel. Sehr langsam beginnen, immer schwungvoller wiederholen, die Beine immer schneller wechseln.

3. *Haltung – Hüftknick*

Stock vorne auf den Boden stützen, die Hände obendrauf legen. Beide Knie extrem nach links drücken, den Stock zugleich nach rechts neigen, 4 mal wiederholen, dann nach der anderen Richtung üben, also Knie rechts – Stock links. Der Oberkörper bleibt gerade, nicht vorneigen.

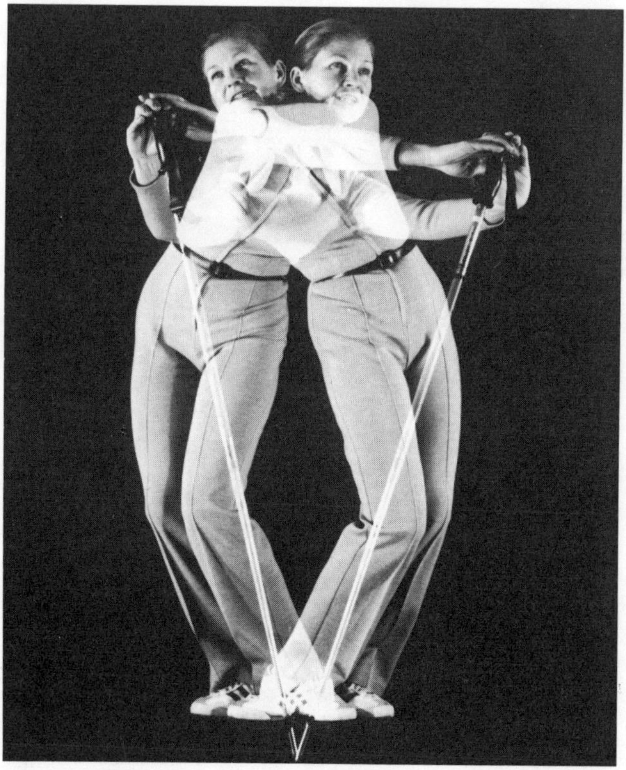

4. *Körperbeherrschung*

Stock mit einer Hand senkrecht vorne aufstützen, das rechte Bein nach hinten stemmen. Mit viel Schwung das rechte Bein über den Stock schwingen, den Knauf zugleich unterm Bein in die andere Hand abgeben. 4 mal wiederholen, dann ebenso mit dem linken Bein trainieren.

5. *Gewichtsverlagerung*

Beine grätschen, Stock an beiden Enden festhalten. Nun mit weitausholender Bewegung von links nach rechts und wieder zurück durchschwingen, dabei das Gewicht extrem von einem Bein aufs andere verlagern. Anfangs die Übung ohne Vorneigen des Oberkörpers durchführen, später immer tiefer durchschwingen und dabei weiter ausholen.

4. Woche

1. *Koordination der Bewegung*

Gerade stehen, rechtes Bein nach hinten stemmen, die Arme vorhalten. Nun das rechte Knie energisch vorziehen und die Arme zugleich weit nach hinten schleudern, ausatmen. Wieder zurück in die Ausgangsstellung, einatmen. 4 mal wiederholen, dann ebenso mit dem linken Bein trainieren.

2. *Standsicherheit*

Mit geschlossenen Beinen stehen, Arme hängenlassen. Nun den Oberkörper langsam nach links neigen, leicht im linken Knie nachgeben und zugleich das rechte Bein hochziehen. Ebenso langsam wieder in die Ausgangsstellung zurückkehren und nach der anderen Richtung üben. Je langsamer die Bewegung durchgeführt wird, um so mehr Balance wird bewiesen.

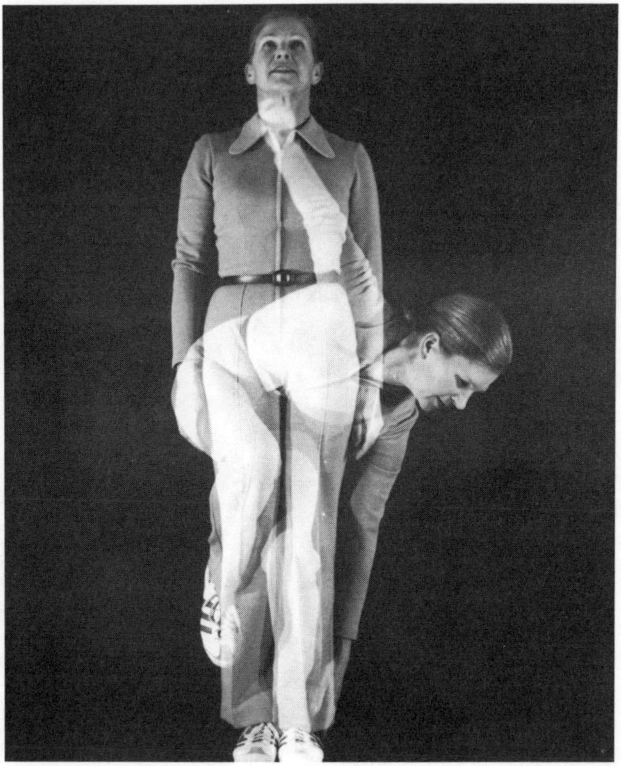

3. *Kraft und Elastizität in den Beinen*

Ausfallstellung, also ein Bein zurückstemmen, Hände nahe den Füßen auf den Boden stützen. Zweimal unten nachfedern, dann energisch abstoßen und zur Standwaage hochdrücken, Arme seithalten, Kopf hoch. 4 mal wiederholen, dann die Übung ebenso ausdauernd mit dem anderen Bein wiederholen.

4. *Bauchmuskeln und Oberschenkel*

Rückenlage, die Arme liegen neben dem Körper. Radfahren, also die Beine abwechselnd von sich schleudern, knapp über dem Boden vorstrecken. Bei 4 Beinbewegungen liegen, bei den folgenden vier sitzen, also auf und ab unterwegs sein. Immer beim Aufsitzen ausatmen, beim Liegen einatmen. Die richtige Atmung ist bei allen Bauchmuskelübungen besonders wichtig.

5. *Drehbewegung*

Beine breitstellen, die Arme von links nach rechts und wieder zurück durchschwingen, energisch hin und her schleudern, dabei die Beine abwechselnd belasten, also das Körpergewicht verlagern. Am Endpunkt des Schwunges den Oberkörper mit einer Vierteldrehung seitwenden, so daß ein Arm nach hinten ausschwingt.

4-Wochen-Trainingsplan für Könner

1. Woche

1. *Total-Bewegung*

Schrittstellung, also einen Fuß um eine Schrittlänge vorstellen und belasten. Nun fortlaufend umspringen, dabei elastisch im ganzen Körper mitfedern, die Arme pendeln locker mit, der Oberkörper ist leicht vorgeneigt. Mit kleiner Schrittlänge beginnen, zu größerer steigern und dazu das Tempo wechseln, etwa 4 große, langsame Sprünge, dann 8 kürzere, schnelle.

2. *Kräftigung der Fußgelenke*

Füße gut 10 cm nebeneinander stellen, die ganzen Sohlen belasten. Nun die Füße nach außen kippen, wieder auf die Sohlen senken, dann zum Zehenstand hochdrücken, wieder senken. Dabei gut im Gleichgewicht bleiben, die Bewegung extrem durchführen.

3. *Training der Beine*

Mit wenig geöffneten Füßen stehen, auf eine parallele Fußstellung achten, tief in die Knie gehen, Knie über die Zehen hinaus schieben. 10 mal mit dem Becken tieffedern, die Arme dabei locker vorhalten. Wieder hochkommen, die Beine zwischendurch zur Entspannung schütteln, dann nochmals beginnen.

4. *Knie-Elastizität*

Ausfallstellung, linkes Bein zurückstemmen, Hände neben dem rechten Fuß auf den Boden stützen. Nun fortlaufend umspringen, also mal das eine, dann das andere Bein nach hinten strecken. Die Arme und damit die Schultern während des Umsprunges betont belasten. Von 10 auf 20 mal steigern. Mit dem Fuß möglichst bis zu den Händen vorfedern.

5. *Fersendrehschub*

Tuch auf den blanken Boden legen, fest auf beiden Füßen stehen, Knie extrem vorschieben, so daß die Fersen entlastet werden. Und nun die Fersen durch eine Drehbewegung nach links, dann nach rechts vordrücken, hin und her schieben. Der Oberkörper bleibt in ruhiger unverkrampfter Haltung. Lassen Sie die Arme locker mitpendeln. Eine Zeitlang „wedeln".

1. *Schnellkraft*

In einer Seitwärtsbewegung nach links und rechts springen, also vom einen auf den anderen Fuß schnellen, dabei immer elastisch in den Beinen nachgeben, den Oberkörper in die Bewegungsrichtung neigen. Mit 50 cm-Sprüngen beginnen, den Abstand allmählich vergrößern, über 1 m seitschnellen.

2. *Knie-Training*

In der tiefen Hocke (Kniebeuge) beide Hände auf den Boden stützen. Zweimal nachwippen, tieffedern, dann ein Bein seitstellen, wieder zweimal tieffedern. Beine schließen, nachwippen, anderes Bein zur Seite, nachwippen. Bis zum Umspringen die Übung steigern, mehr und mehr auch die Arme belasten. Temperamentvolle Sportler schnellen mit dem linken und dann sofort mit dem rechten Bein zur Seite.

3. *Wendigkeit um die Mitte*

Kniestand, rechts neben die Beine setzen, die Arme schwingen als Gegengewicht nach der anderen Seite. Dann zum Kniestand wieder aufrichten, sich auf die andere Seite setzen. Langsam beginnen, das Tempo steigern und schließlich ohne Aufrichten zum Kniestand schnell hin und her wechseln. Den Armschwung ausnutzen.

4. *Bauchmuskel-Training*

Rückenlage, Beine hochstrecken, wie beim Parademarsch auf und ab schwingen, zwischen den Beinen in die Hände klatschen. Kopf dabei hochhalten, ruhig atmen. Z. B. bei 4 Beinschwüngen aus-, bei den folgenden 4 einatmen. 20 Beinschwünge durchhalten, kurze Entspannungspause, dann wieder starten.

5. *Wedeln auf einem Bein*

Auf dem Tuch stehen, einen Fuß leicht anheben, das Standbein von der Ferse aus durch eine Drehbewegung nach links und rechts schieben. Nach 20 Schüben aufs andere Bein wechseln. Langsam beginnen, auf elastische Beinarbeit achten, nicht ruckartig sondern zügig drehen. Die Arme locker mitpendeln lassen.

3. Woche - Buchstapel als Übungsgerät

1. *Kräftigung der Knie*

Rechten Fuß hochstellen, Oberkörper leicht vorneigen, dadurch das linke Bein entlasten. Nun mit dem linken Fuß abwechselnd vor und dann wieder hinter dem Buchstapel flüchtig den Boden berühren, mit der Fußspitze abstoßen, wegschnellen. 20 mal vor und zurück, dann die Beinstellung wechseln. Die Arme pendeln im Gegenschwung locker mit.

2. *Oberschenkel-Training*

Mit geschlossenen Füßen auf dem Stapel stehen, tief in die Knie gehen, 4 mal mit der rechten Hand den Boden berühren, dabei in den Knien locker tieffedern, Oberkörper extrem seitneigen. Dann den Körper aufrichten, sich strecken, einatmen. Anschließend nach der anderen Seite greifen, Knie beugen und kräftig aneinanderdrücken.

3. *Elastizität der Beine*

Rechten Fuß hochstellen, während das Körpergewicht noch auf dem linken Bein ruht, also auf dem Boden. Arme hochstrecken, einatmen. Nun energisch zum Stand auf den Bücherstapel hochdrücken, zugleich linkes Knie anbeugen und die Arme weit nach hinten ausschwingen, ausatmen. Wieder zurück in die Ausgangsstellung, Arme heben, einatmen. 5 mal wiederholen, dann ebenso schwungvoll und energisch mit dem anderen Bein üben.

4. *Beinbelastung*

Mit beiden Füßen auf den Büchern stehen, einatmen. Mit dem linken Fuß seitlich auf den Boden steigen, linkes Bein extrem belasten, mit der linken Hand den Boden berühren, ausatmen. Wieder zurück in die Ausgangsstellung, dann mit dem rechten Fuß heruntersteigen. Anfangs langsamer Bewegungsablauf, dann immer flüssiger auf- und absteigen.

5. *Standfestigkeit – Balance*

Sicher auf dem rechten Bein stehen, das linke Bein pendelt locker vor und zurück, die Arme schwingen entgegengesetzt mit, also linkes Bein vor, rechter Arm vor, linkes Bein zurück, linker Arm vor. Sich aufs Standbein konzentrieren, das Spielbein locker pendeln lassen. Nach 20 Schwüngen Beinwechsel.

1. *Ausdauer durch Kondition*

Mit beiden Händen auf den Stuhl aufstützen, im Laufen die Fersen abwechselnd hinten anschlagen, dabei das Körpergewicht bewußt auf die Arme verlagern, um die Beine zu entlasten. Bei dieser Übung nicht nur 10 mal hochschlagen, sondern mindestens 50 mal durchhalten. Nicht hart aufspringen, sondern sehr elastisch in den Beingelenken mitfedern.

2. *Oberschenkel*

Auf dem Stuhl sitzen, die Hände aufstützen, die Unterschenkel stehen senkrecht zum Boden. Nun die Knie extrem vorschieben, das Becken anheben, die Knie immer mehr zum Boden senken, während Oberschenkel und Körper eine Gerade bilden. Langsam zum Sitzen zurückkehren, wiederholen, Becken höher anheben, Knie stärker vordrücken.

3. *Körperbeherrschung*

Linken Fuß auf die Sitzfläche des Stuhles stellen. Zum Stand hochdrücken, dabei das Bein vollkommen durchstrecken, 10 mal wiederholen, dann Beinwechsel. Je höher die Sitzfläche, desto mehr werden die Beine angestrengt. Auf das exakte Durchstrecken der Beine achten.

4. *Knie-Test*

Rücklings zum Stuhl stehen, die Füße stehen dicht nebeneinander. In die tiefe Hocke fallen, dabei auf den ganzen Fußsohlen bleiben, die Hände auf die Sitzfläche stützen. 4–6 mal unten nachfedern, mit dem Becken nach unten wippen, elastisch in den Armen mitfedern. Wieder zum Stehen hochschnellen, mit den Händen abstoßen, Rücken strecken. Beim Tiefwippen ausatmen, im Stehen einatmen.

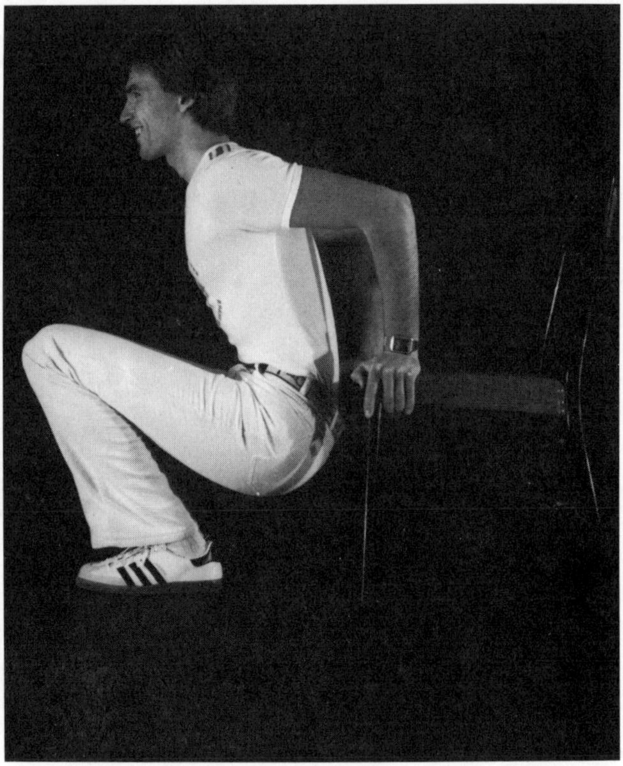

5. *Beinkraft*

Auf dem Stuhl sitzen, rechtes Bein in die Luft halten. Auf dem linken zum Stehen hochdrücken, sich wieder setzen, zumindest 5 mal hintereinander diese Übung wiederholen, dann erst mit dem anderen Bein trainieren. Mit Armschwung geht es leichter. Nicht auf halbem Weg umkehren, das Standbein jedesmal ganz durchstrecken, Gleichgewicht halten.

Trainingsspaß zu zweit

Gemeinsam üben bringt nicht nur Abwechslung ins Programm, sondern macht bestimmte Bewegungsaufgaben überhaupt erst möglich. Außerdem bemüht man sich mehr, kontrolliert sich und den Partner, feuert einander zum Mittun an und hat seinen Spaß dabei.
Jetzt ein paar Tips, die Sie ins Wochenprogramm einfügen können. Es versteht sich, daß Sie keine Kräfte messen, sondern sinnvoll miteinander turnen sollen. Ob Sie und Er, Freunde untereinander, Eltern mit Kindern, für alle sind diese Anregungen zum Nachahmen gedacht.

1. *Kraft in den Knien*

Gegenüber stehen, an beiden Händen fassen, die Fersen bleiben auf dem Boden. In die tiefe Hocke fallen, zweimal unten nachfedern, wieder zum Stand hochdrücken, einander hochziehen. So weit von einander entfernt stehen, daß die Arme gestreckt bleiben. Anfangs nur 2 mal unten nachwippen, später dann 4–5 mal federn.

2. *Körperbeherrschung*

Rücken an Rücken stehen, aneinander lehnen, kleine Schrittstellung, Arme vorhalten. Nun langsam in die Knie gehen, Fußsohlen auf den Boden drücken. 5 Sekunden unten verharren, dann ebenso langsam wieder zum Stand hochdrücken. Anfangs nur wenig in die Knie gehen, später immer tiefer senken.

3. *Gewichtsverlagerung*

Grätschstand, äußere Fußkanten aneinander stemmen, an beiden Händen halten. Unter Widerstand hin und her ziehen, mal belastet der eine mal der andere das nach außen gestemmte Bein. Je länger geübt wird, um so größer soll der Widerstand werden.

4. *Training der Fußgelenke*

Gegenüber sitzen, Hände schräg hinten auf den Boden stützen, Beine anheben, Fußsohlen aneinander stemmen. Mit Druck gegen den Fuß des Partners mal erst das eine, dann das andere Bein hochstrekken. Es später auch mit beiden Füßen zugleich versuchen. Druck und Widerstand verstärken, näher zusammenrücken.

5. *Hüftstreckung*

Ausfallstellung, der eine Partner hält das nach hinten gestreckte Bein ungefähr einen halben Meter vom Boden hoch, der andere faßt es fest mit beiden Händen, damit es nicht nach unten fällt. Nun zweimal in der Ausfallstellung nachfedern, dann energisch abstoßen, Standbein strecken, Arme zur Standwaage seithalten. 5 mal wiederholen, dann ebenso mit dem anderen Bein üben.

6. *Standsicherheit*

Gegenüber stehen, Arm vorstrecken, an den Händen fassen. Beide halten das linke Bein möglichst hoch in die Luft. Nun auf einem Bein langsam ins Knie gehen, einander wieder hochziehen. Mit geringer Kniebeuge beginnen, mehr und mehr nachgeben. Es ebenso intensiv auf dem anderen Standbein trainieren.

7. *Schnellkraft und Armtraining*

Der eine Partner kniet und stützt beide Hände zu einer Bankstellung auf den Boden. Der andere Partner steht links daneben und stützt die Hände auf die Schultern des Knienden. Der Stehende schnellt vom Boden weg, schlägt die Fersen hinten hoch, landet auf der anderen Seite, macht zwei Zwischenhüpfer und schnellt wieder zurück. Anfangs mit Zwischensprüngen üben, später dann fortlaufend hin und her springen, Arme betont belasten.

Vor dem Start: Warmmachen

Mit Absicht ist hier nicht vom Warmturnen die Rede, denn es werden keine ausgesprochenen Übungen ausgeführt, sondern Bewegungen, die man dann während der Fahrt anwendet. Es handelt sich also vorwiegend um die Erwärmung der Muskeln und Gelenke, um die Unfallbereitschaft zu vermindern und ein Maximum an Körperbeherrschung zu ermöglichen.
Immer wieder kann man beobachten daß die Skiläufer mit dem Auto bis zur Talstation der Liftanlage fahren. Dann geht es bergwärts, man wird durch Wind und Kälte unterkühlt. Oben angelangt hat man nur den Wunsch sich zu bewegen. Anstatt nun eine kurze Zeit fürs Warmwerden zu opfern, wird sofort losgefahren. Da ein steifer Körper weder zu raschen Bewegungen imstande ist, noch über Elastizität verfügt, es also an Kraft und Sicherheit mangelt, kann es kaum zu einem schwungvollen und harmonischen Bewegungsablauf kommen. So mancher landet dann mit gebrochenem Bein, einer Bänderzerrung am Knie oder gar mit einer Gehirnerschütterung im Krankenhaus. Warmmachen vor dem Start lohnt sich also.

1. *Bringt die Zirkulation in Schwung*

Armschwung rück und vor, dabei den Oberkörper leicht vorgeneigt halten. Elastisch in den Knien nachgeben, Knie aneinander drücken, Standsicherheit bekommen. Das Hoch - Tief mehr und mehr steigern, den Armschwung intensivieren.

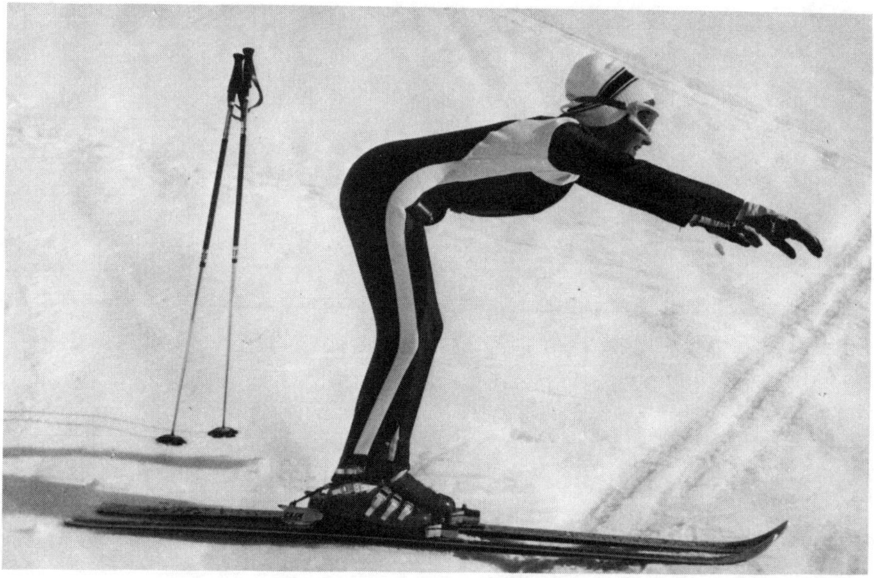

2. *Macht die Knie beweglich*

Auf die Stöcke stützen, bei schmaler Skiführung die Füße vor und zurück bewegen, also die Ski hin und her schieben, dabei das Körpergewicht immer auf den vorgeschobenen Ski verlagern. Klein beginnen, immer energischer schleifen, Knie extrem vordrücken.

3. *Belasten eines Ski*

Auf dem talwärts stehenden Ski Gleichgewicht halten, den anderen Ski leicht anheben und zugleich auf dem Talski ins Knie gehen. Ein paar Mal wiederholen, dann ebenso mit dem anderen Bein üben. Man sollte stets so stehen, daß der Talski belastet wird, gewissermaßen als Gewöhnung an die richtige Haltung während der Fahrt.

4. *Extrem-Vorlage der Knie*

Stöcke waagrecht mit beiden Händen halten. Oberkörper talwärts wenden, Stöcke gleichfalls talwärts schwingen, die Knie intensiv vordrücken und 4 mal über die Füße hinaus schieben, Knie federn. Wieder aufrichten, Stöcke vorschwingen, wiederholen. Es dann ebenso nach der anderen Richtung üben. Auf flachem Gelände kann abwechselnd links und rechts gewendet werden.

5. *Wendigkeit*

In möglichst rascher Folge hintereinander einige Spitzkehren ausführen. 4 mal rechts herum, dann 4 mal links herum. Bewegungsablauf: Rechten Ski um 180 Grad nach hinten drehen, zuerst nur den rechten Stock gleichfalls nach hinten stützen. Gewicht auf den rechten Ski verlagern, linken Ski beiheben, beide Stöcke aufstützen. Besonders standfesten Fahrern gelingt dies auch ohne oder nur mit geringem Stockeinsatz.

6. *Ausdauer – Standsicherheit*

In der aerodynamisch idealen Körperhaltung 10 mal locker in den Knien nachfedern, dann erneut ganz aufrichten, wiederholen. Die Stöcke dabei unter die Arme klemmen, Knie extrem vordrücken, Oberkörper nicht zu tief senken, vor allem die Knie aneinander drücken, um die Beine besser zu beherrschen. Sozusagen in der Bindung hängen, also Zehen belasten, federn, wippen, federn.

Fit auf die Loipe

Wer laufen kann, kann auch langlaufen. Glücklicherweise zählt Langlaufen zu jenen Sportarten, die relativ schnell und einfach zu erlernen sind. Der natürliche Bewegungsablauf wird von den meisten sofort erfaßt und auf das Vorwärtsgleiten umgesetzt. Ganz so einfach aber ist es doch nicht, wenn man mit minimalem Kraftaufwand maximal vorwärtskommen will. So mancher Energieeinsatz verpufft, nur weil die Abstoßphase nicht richtig genutzt, der Stock falsch eingesetzt wird und der Atmungsrhythmus nicht stimmt. Aus Mangel an Kondition hat mancher diesen herrlichen Wintersport wieder an den Nagel gehängt. Muskelkater und Atemnot führen zu der Erkenntnis, daß man auch bei diesem Sport nichts von heute auf morgen erreicht, sondern man ihn allmählich erlernen und trainieren muß. Gerade dieses Zug um Zug Vorwärtskommen bringt Freude an der eigenen körperlichen Leistung und macht Langlaufen zum Erlebnissport.

Ziel des Konditionstrainings

- Lockerung verkrampfter Muskelgruppen (Schultern, Rücken, Beine)
- Training der Bein- und Armmuskeln
- Allgemeine Körperbeherrschung und Standsicherheit
- Schulung des Gleichgewichts
- Rhythmus und Koordination im Bewegungsablauf
- Richtige Atmung
- Schnellkraft für die Beine, Schwungkraft in die Arme
- Elastizität im Hüftgelenk

Was zieht man zum Üben an?

Wie beim Training zum Alpinskifahren sollte man bequeme Turnkleidung, also keine beengenden Kleidungsstücke tragen, in gut durchlüftetem Raum üben und vorher für ausreichend Platz sorgen.
Zum Langlauf-Training sollte man keine Turnschuhe mit harten Gummisohlen anziehen, da sie den Gleiteffekt auf dem Boden unmöglich machen und den flüssigen Bewegungsablauf bremsen. Trainieren Sie daher barfuß oder auf Ledersohlen, evtl. in Socken.

Aufbau des Langlauf-Programmes

Wie die Alpinskifahrer bereits 8 Wochen vor dem Start mit dem 4-Wochen-Programm beginnen. Ob Sie nun das Programm für Anfänger oder für Könner wählen, hängt von Ihrer momentanen Kondition ab. Wer also das ganze Jahr über Sport in irgendeiner Form ausübt, wird möglicherweise direkt mit dem Programm für Könner anfangen. Die Partner-Übungen gleichfalls einplanen. Ab der 5. Woche dann ganz gezielt das Spezial-Programm für Langläufer einsetzen.
Wie bei jedem Konditionstraining heißt es auch jetzt, jeden Bewegungsablauf – wenn nicht besonders erwähnt – zumindest 10 mal wiederholen, auf die Verbindung Bewegung - Atmung achten. Langlaufen verlangt viel Ausdauer und Schwungkraft. Beides ist nur möglich, wenn man im Moment des Krafteinsatzes ausatmet. Leider wurde dieser wichtige Faktor bisher zu wenig beachtet. So mancher Sportler hat seine Energie vergeudet und dadurch nicht den verdienten Fortschritt und Erfolg erzielen können. Wenn man sich bereits während der Skigymnastik daheim darauf einstellt, die Atmung zu beachten, wird man es auch während der Fahrt richtig machen und ein Optimum an Ausdauer und Sportvergnügen erreichen. Das gleiche gilt natürlich auch für Skiwanderer.

4-Wochen-Trainingsplan für Langläufer

1. Woche

1. *Lockerung der Knie*

Linken Fuß 10 cm vorstellen, in die tiefe Hocke fallen, Hände auf den Boden stützen, 3 mal unten nachfedern, Arme belasten. Dann energisch hochschnellen und die Arme hochstrecken. Beim Tiefgehen ausatmen, beim Hochstrecken einatmen. 4 mal wiederholen, dann ebenso exakt mit dem vorgestellten rechten Fuß üben.

2. *Grundschritt-Training* (Diagonalschritt)

Mit geschlossenen Beinen stehen, Arme locker hängen lassen, in den Knien nachgeben. Plötzlich mit dem rechten Bein vorschnellen, vorschleifen, rechten Fuß belasten und den linken Arm vorschleudern. Wieder in die Ausgangsstellung zurückkehren, entspannen. 4 mal wiederholen, dann mit dem linken Bein vorschnellen.

3. *Hüftstreckung*

In der tiefen Hocke beide Hände auf den Boden stützen. 2 mal locker federn, dann das Becken etwas heben, zugleich ein Bein nach hinten stemmen, wieder 2 mal federn. Dann das Bein beiziehen und federn. Beim nächsten Mal das andere Bein zurückstrecken, Fuß gegen den Boden stemmen.

4. *Straffung der Bauch- und Beinmuskeln*

Grätschsitz, mit beiden Händen zweimal weit vorfedern, dabei ausatmen. Dann die Beine gestreckt hochheben, Arme zur Balance seithalten, Beine aneinander drücken, einatmen. Die Beine etwa 3 Sekunden in dieser Schwebestellung halten, dann wieder vorfallen und nachfedern.

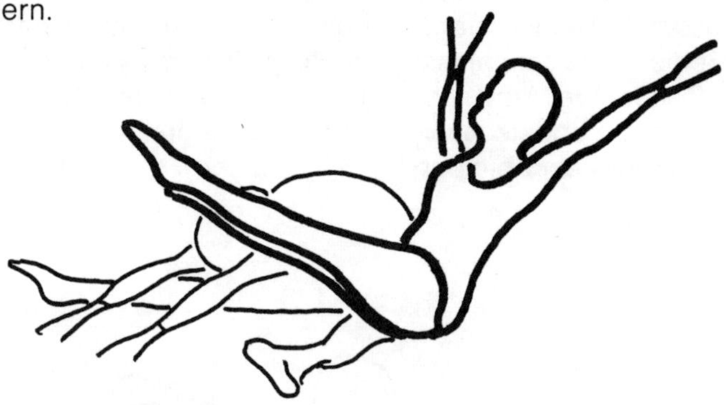

5. *Elastisch um die Mitte*

Kniestand, Arme hochstrecken, einatmen. Sich rechts neben die Beine auf den Boden setzen, beide Arme nach links schwingen, quasi als Gegengewicht, ausatmen. Wieder zum Kniestand hochdrücken, Arme heben, einatmen. Anschließend sich nach der anderen Seite setzen.

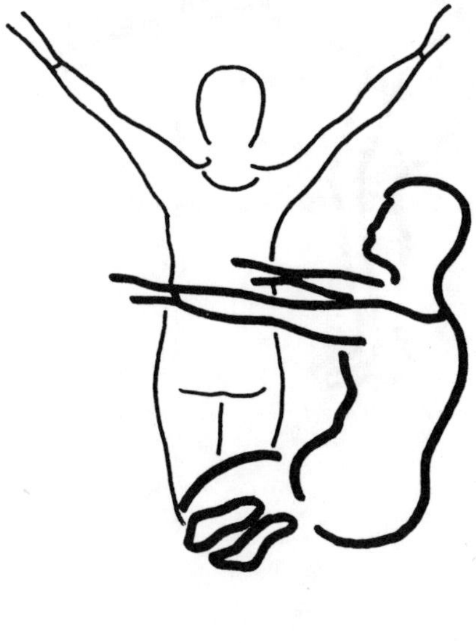

1. *Lockerung der Schultern*

Mit geschlossenen Beinen stehen, rechten Arm vor, linken nach hinten strecken. Beide Arme fallenlassen, zugleich locker in die Knie gehen, ausatmen. Der rechte Arm schwingt weit nach hinten aus, der linke vor. Also lockere Pendelschwünge mit den Armen durchführen, fest auf beiden Füßen stehenbleiben.

2. *Fersendruck zum Boden*

Füße stehen knapp beisammen, tief in die Knie gehen, dabei die Fersen bewußt zum Boden drücken (wichtig für die Skiführung des Langläufers beim Abfahren), in die Hände klatschen, hinter den Füßen zusammenschlagen. Dann die Beine strecken, Arme vorschwingen und weit vorne klatschen. Beim Tiefgehen ausatmen, beim Vorschwingen der Arme einatmen.

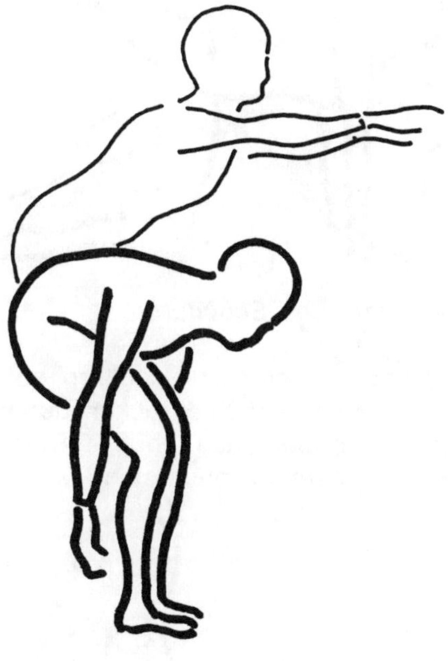

3. *Rückschwung des Beines*

Kniestand, die Hände zu einer Bankstellung auf den Boden stützen, Arme belasten, das rechte Bein nach hinten strecken, bis in die Fußspitze spannen. Nun das gestreckte Bein in rascher Folge auf und ab schwingen, nach 10 mal Hochschleudern auf das andere Bein wechseln, das linke schwingt genau so hoch.

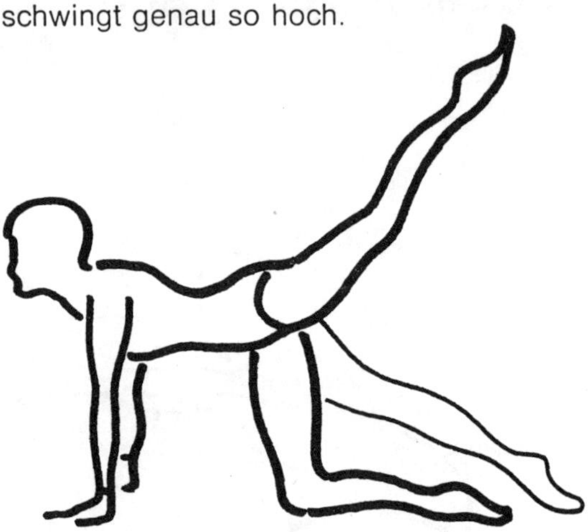

4. *Kräftigung der Arme und Schultern*

Bauchlage, die Hände unter den Schultern auf den Boden stützen, Finger zueinander drehen. Durch Strecken der Arme den Oberkörper langsam hochdrücken, dabei einatmen. 3–5 Sekunden oben verharren, dann langsam wieder senken, ausatmen. Die Beine liegen gestreckt beisammen.

5. *Beinrückschwung*

Gerade stehen, Arme hochhalten, einatmen, den Rücken strecken. Im Vorneigen die Arme seitlich schwingen, zugleich ein Bein nach hinten wegschleudern, zur Standwaage senken, ausatmen. Wieder zurück zur Ausgangshaltung, einatmen. Beim nächsten Vorneigen das andere Bein rückschleudern. Auf sicheren Stand und energischen Beinschwung achten.

3. Woche

1. *Lockerung des Hüftgelenks*

Mit geschlossenen Beinen stehen, Hände einstützen. Mit dem rechten Bein einen großen Schritt seitwärts machen, Bein extrem belasten. Dann wegschnellen, Beine flüchtig schließen, sofort mit dem rechten Bein großen Schritt vorwärts anschließen. 4 mal wiederholen, dann ebenso mit dem linken Bein trainieren.

2. *Körperbeherrschung*

Füße schließen, Knie mit Abheben der Fersen vordrücken, hinter den Oberschenkeln in die Hände klatschen, ausatmen. Dann auf die ganzen Fußsohlen senken, Oberkörper vorneigen, weit vorne in die Hände klatschen. Beim Vordrücken der Knie besonders auf die Spannung der Bauch- und Sitzmuskeln achten, Fersen aneinander drücken.

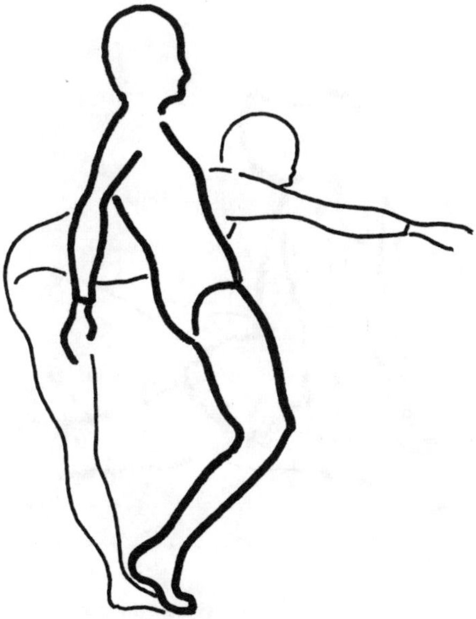

3. *Elastischer Rücken – Armkraft*

Kniestand, die Hände auf den Boden stützen. Mit dem Becken zweimal in Richtung Fersen federn, dabei den Kopf senken, ausatmen. Dann die Arme belasten, den Körper durchstrecken und durchhängen lassen, Kopf heben, einatmen. Langsam beginnen, sich immer schneller hin und her bewegen.

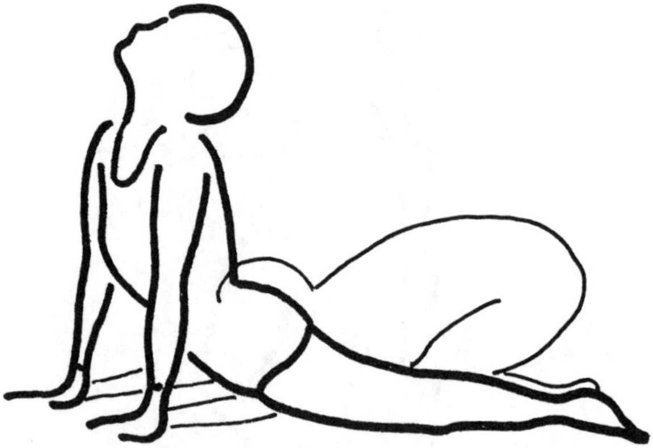

4. *Balance*

Füße geschlossen halten, die Arme vorhalten, einatmen. Nun den Oberkörper langsam senken, mit den Händen zum Boden greifen, zugleich das rechte Bein nach hinten heben, leicht im linken Knie nachgeben, ausatmen. Langsam wieder aufrichten, Fuß zum Standbein stellen, einatmen. 4 mal wiederholen, dann ebenso konzentriert mit dem anderen Bein üben.

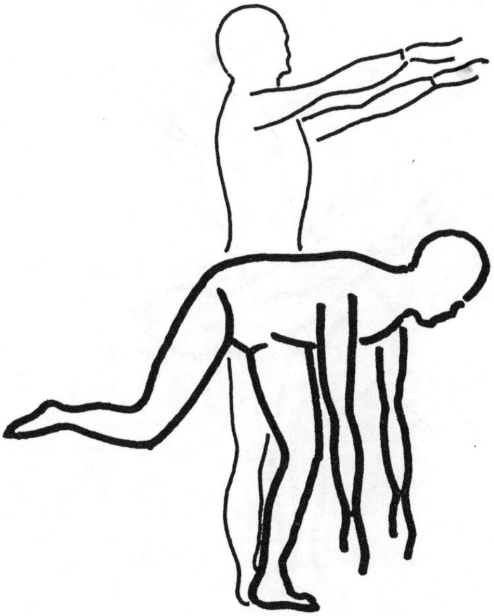

5. *Körperbeherrschung und Gleichgewicht*

Arme und rechtes Bein gleichzeitig heben, einatmen, sicher auf dem linken Bein stehen. Dann die Beine energisch schließen und die Arme im Tiefschwung weit nach hinten schleudern, ausatmen. Die Übung 4 mal mit dem rechten Bein, dann 4 mal mit Rückheben des linken Beines ausführen. Später auch mit ständigem Beinwechsel versuchen.

4. Woche

1. *Beinschwung*

Mit der linken Hand sich auf die Stuhllehne stützen, das rechte Bein energisch vor und zurück durchschwingen, den Rückschwung betont durchführen. Der Fuß gleitet sowohl beim Vor- als auch beim Rückschwung über den Boden. Nach zehn Beinschwüngen auf das andere Bein wechseln.

2. *Körperbeherrschung*

Linken Fuß auf den Stuhl stellen, Arme waagrecht vorhalten. Nun energisch zum Stand hochdrücken, zugleich das rechte Bein und die Arme nach hinten schwingen, ausatmen. Wieder zum Boden zurückkehren, einatmen. 5 mal wiederholen, dann den anderen Fuß auf den Stuhl stellen, weiterüben.

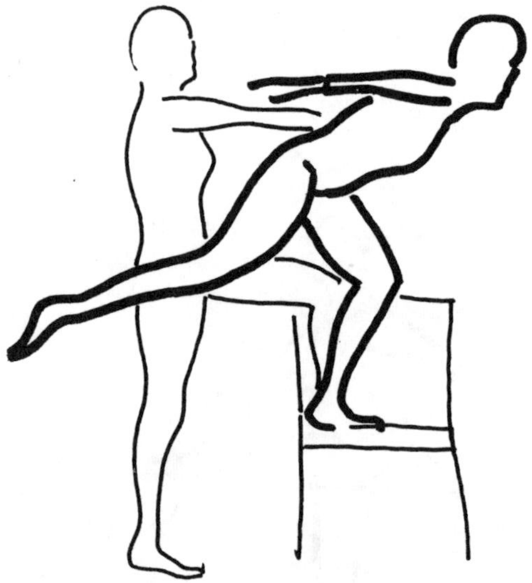

3. *Bauchmuskeln*

Sitzen, sich vorne an der Stuhlkante festhalten, langsam den Oberkörper nach hinten senken, die Beine dabei gestreckt auf dem Boden lassen. Nun mit Beinen und Oberkörper hochkippen, zum Schwebesitz kommen, ausatmen. Langsam wieder in die liegende Haltung zurückkehren, einatmen. Anfangs sehr langsam üben, das Hochkippen immer schneller durchführen, auf die richtige Atmung achten.

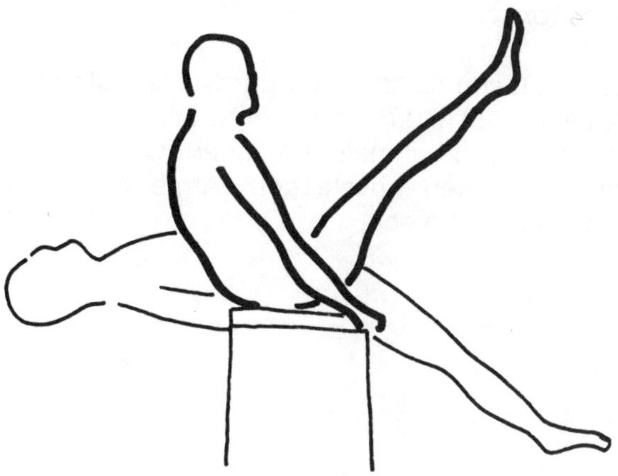

4. *Hüftstreckung*

Gerade stehen, Arme vorhalten, einatmen. Mit den Händen beim Vorneigen aufstützen, zugleich ein Bein hinten hochschwingen, ausatmen. Die Arme dabei extrem belasten. Wieder aufrichten, Rücken strecken, einatmen. Beim nächsten Mal das andere Bein rückheben. Auf besonders schwungvolle Ausführung achten.

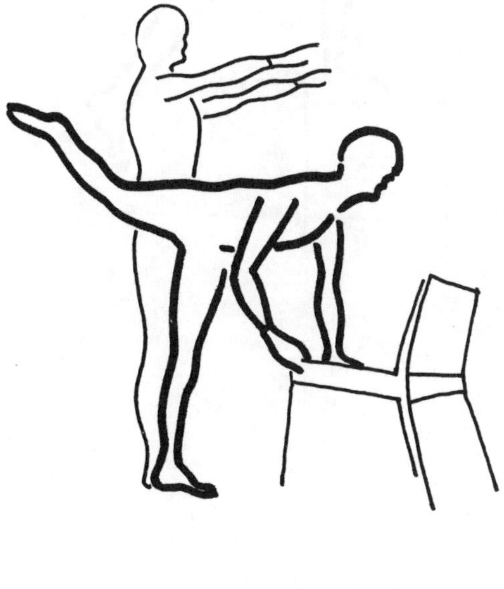

5. *Arme – Schultern*

Hände auf die Sitzfläche stützen, auf der Stelle laufen und die Fersen hinten hochschlagen, 20 mal durchhalten. Dann Oberkörper aufrichten, ruhig durchatmen und nochmals beginnen. Oder im Sprung beide Fersen gleichzeitig hinten anschlagen, Arme noch mehr belasten, Übung 8–10 mal wiederholen.

Vor dem Start: In Schwung kommen

Wie bereits erwähnt, besteht bei Langläufern keine Gefahr, kalte, also mangelhaft durchblutete Muskeln oder steife Gelenke plötzlich zu überfordern, denn der Bewegungsablauf bringt ein allmähliches Erwärmen mit sich. Hier geht es vielmehr ums Gewöhnen an den Ski, ans Gleiten, um die Körperbeherrschung und um die Konzentration auf die Balance. Spielerisch durchgeführte Bewegungen bereiten auf den Bewegungsablauf während des kilometerlangen Loipenlaufes vor. Von Anfang an fühlt man sich sicher auf den Beinen, elastisch im ganzen Körper und beschwingt. Man nutzt das Gleitenlassen, reagiert richtig, kann mehr leisten und den Lauf optimal genießen.

1. *Lockert den ganzen Körper*

Fest auf beiden Skiern stehen, die Arme hochhalten, einatmen. Im Tiefschwung beide Arme an den Beinen vorbei weit nach hinten pendeln lassen, mit den ganzen Fußsohlen auf die Skier drücken, ausatmen. Wieder aufrichten, einatmen. Bewegungsablauf und Atmung gleichen dem Doppelstockschub.

2. *Gleitgefühl in den Beinen*

Sich auf die Stöcke stützen, fest auf dem rechten Bein stehen, dieses belasten. Das linke Bein mit dem linken Ski vorschieben und anschließend weit nach hinten ausschwingen, dabei im Standbein locker mitbewegen. Ein paar Mal wiederholen, Beinwechsel.

3. *Hüftstreckung*

Auf die Stöcke stützen, mit dem linken Ski weit nach hinten gleiten, Ferse extrem anheben, wiederholt tieffedern, mit dem Körper nach unten wippen. Ski wieder beiziehen, ebenso mit dem anderen Bein üben.

4. *Koordination von Körperschwung und Beinbewegung*

Arme vor- und hochschwingen, zugleich mit dem linken Ski nach hinten schleifen, einatmen. Dann den Ski wieder beiziehen, sicher auf beiden Füßen stehen und die Arme locker tiefschwingen, ausatmen. 4 mal wiederholen, ebenso mit dem anderen Bein trainieren.

5. *Abfahrtshaltung*

Ski parallel stellen, tief in die Knie gehen, besonders die Fersen belasten. Das ist der wesentliche Unterschied zur Abfahrtshaltung des Alpinskifahrers. Nur so ist sicherer Kontakt bei der „fersenfreien" Bindung zum Ski möglich und damit sind Skiführung und Standfestigkeit gewährleistet. In dieser Hockstellung locker tieffedern, zwischendurch aufrichten, wieder tiefwippen.

6. *Skiführung und Balance*

Ohne Hilfe der Stöcke langlaufen, zügig vorwärtsgleiten, die Arme schwungvoll mitbewegen. Je länger die Schritte, um so mehr den Oberkörper vorneigen. Oberkörper und rückschwingendes Bein müssen eine Gerade bilden. Laufen ohne Stöcke verlangt besonders viel Körperbeherrschung, ist daher ideale Vorbereitung.

Wichtige Tips zur Ausrüstung

Es kann nicht oft genug betont werden, mit der zweckmäßigen Vorbereitung steht oder fällt die Begeisterung für den Wintersport. Wer erst kurz vor den Skiferien ein paar Kniebeugen macht, hat noch lange nicht genug getan. Auch die Ausrüstung muß rechtzeitig kontrolliert und auf ihre Brauchbarkeit überprüft werden. Wurden Ski und Sicherheitsbindung während der Ruhemonate richtig gewartet? Stimmt die Einstellung der Bindung für die neuen Skistiefel? Braucht der Laufflächenbelag eine Korrektur, sind die Teller an den Stöcken gut befestigt?

Wer Neues kaufen muß, sollte in Ruhe überlegen. Übereilte Anschaffungen kosten nicht nur mehr Geld, sondern werden mitunter bereits am ersten Tag bereut. Fachkundige Beratung wird heute in jedem Sporthandel geboten. Die falsche Skilänge, drückende Stiefel oder Schuhe, mangelhafte Bindung oder unzweckmäßige Bekleidung können sonst der Anfang vom Ende der Skibegeisterung werden. Der noch so schicke Anzug verfehlt seinen Zweck, wenn man sich darin nicht bewegen kann. Funktioniert die Bindung nicht richtig, ist die Sicherheit nicht gewährleistet und der Spaß vergeht. Langläufer mühen sich übermäßig, wenn die Stöcke zu kurz oder zu lang sind.
Die Auswahl an farbenfroher, zweckmäßiger Skibekleidung ist groß. Ski, Stiefel und Anzüge leuchten in vielen Farben. Wenn schon Neues gekauft werden muß, so kann auch farblich aufeinander abgestimmt werden. Die Hersteller bieten Kleidung und Zubehör für jeden Geschmack und jeden Geldbeutel an.

Wie man zweckmäßig ausgerüstet und bekleidet ist, sehen Sie unter dem Kapitel „Vor dem Start“. Mützen, Handschuhe und Augenschutz sind ebenso unerläßlich wie warme und praktische Kleidung.

Wahl des Ski

Skifahrer sollten den Ski auf ihr Können, ihre bevorzugte Fahrweise und Körpergröße abstimmen. Nach neuester Forschung und Erfahrung unterscheidet man ab sofort 3 große Gruppen: S, A und L Ausführungen. Alle 3 Gruppen werden in verschiedenen Qualitätsstufen und daher Preislagen angeboten.

- S für den sportlichen Fahrer, der bei großer Geschwindigkeit eine tadellose Skiführung braucht. Länge: gut 25 cm mehr als die Körpergröße des Fahrers.
- A für den Allround-Fahrer, dem der klassische Alpinski zu lang, der Compact-Ski zu kurz ist. Länge: ca. 15 cm über Körpergröße.
- L für alle, die leicht schwingen wollen, aber hohe Geschwindigkeit und vereiste Pisten meiden. Dieser Compact-Ski ist etwas breiter als die beiden erstgenannten Ausführungen, hat statt der Skispitze wie auch die Gruppe A eine runde Schaufel. Länge: ca. Körpergröße.

Stocklänge
Die richtige Stocklänge erfahren Sie, wenn Sie gerade stehend die Unterarme waagrecht abwinkeln. Der Abstand zwischen Boden und Armen entspricht der Stocklänge. Geringfügige Abweichungen sind für den Freizeitsportler von wenig Bedeutung, die Wahl der Stocklänge liegt gleichfalls an der Einsatzfreudigkeit des Fahrers, auch an seiner Gewohnheit.

Langläufer haben die Wahl zwischen
Loipen-Ski, speziell für Anfänger und Skiwanderer konstruiert. Sie sind ca. 50 mm breit, das Gewicht pro Paar beträgt bei 205 cm Länge nur 1,80 kg. Die Ski besitzen entweder einen schuppenförmigen Spezialbelag oder in die Lauffläche eingelegte Mohairstreifen. Sie brauchen bzw. können auch nicht gewachst werden. Ihre Gleitfähigkeit kann durch Aufsprühen vergrößert werden.

Normal- und Rennski für alle, die keine Scheu vor der heute bereits sehr einfachen Art des Wachsens haben, dafür aber ein Maximum an Gleitfähigkeit erreichen wollen. Diese Langlauf-Ski sind nur 45 mm breit, haben pro Paar ein Gewicht von 1,40 kg oder weniger.

Skilänge
Als Norm nimmt man an, daß bei hochgestrecktem Arm die Spitze bis zum Handteller reicht. Auch hier sind geringfügige Abweichungen durchaus möglich. Könner werden längere Skier wählen, weil sie die Skiführung beherrschen. Ein zu kurzer Langlauf-Ski ist wegen mangelhafter Führung unbrauchbar.

Stocklänge
Für den Langläufer ist die Wahl der richtigen Stocklänge von größter Bedeutung. Zu kurze Stöcke verleiten zu einer falschen Körperhaltung, zu lange vermindern die Wirkung der Stockhilfe. Die Stöcke sollen bis unter die Achsel reichen.

Wahl der Bindung

Für den Alpinskifahrer gibt es ein reiches Angebot an Sicherheitsbindungen. Man kann aber nur dann von optimaler Sicherheit sprechen, wenn die Bindung richtig eingestellt wurde. Die Einstellung ergibt sich aus Körpergewicht und Fahreigenschaft. Anfänger mit geringem Gewicht brauchen eine leichte Einstellung, weil die Belastung nicht so groß ist. Könner und schwergewichtige Fahrer sollten eine Stufe höher gehen. Überlassen Sie die Einstellung auf alle Fälle dem Fachmann. Es gibt hierfür bereits automatische Prüfanlagen und Montagevorrichtungen. Fangriemen oder Ski-Stopper sind unerläßlich zur eigenen und zu anderer Sicherheit.
Für den Langläufer hat die Bindung nur eine Aufgabe, die möglichst leichte Verbindung mit dem Ski herzustellen und die volle Bewegungsfreiheit des Fußes zu garantieren. Sie ist fersenfrei. Unter der Ferse wird lediglich ein Plättchen montiert, das eine Stollenbildung am Schuh verhindern soll und beim Abfahren etwas die Führung erleichtert. Drei kleine Dornen unter dem Zehenteil müssen in 3 kleinen Löchern am Schuh vorne einrasten, eine kleine Klappe hält den gesamten vorgewölbten Rand der Schuhsohle fest.
Soviel zum Thema Ausrüstung. Und noch eines, sagen Sie nie: „Für den Anfang genügt auch das!" Besonders dann, wenn es um die Ausrüstung der Kinder geht. Allzu große Sparsamkeit ist hier fehl am Platz. Sicherheit und sportlicher Fortschritt sind unmittelbar abhängig von der richtigen Wahl und Qualität der Ausrüstung.

Kondition durch Sport und Spiel

Allgemeine Körperbeherrschung, Wendigkeit und Reaktionsvermögen, Ausdauer und Kraft braucht man auch beim Waldlaufen, beim Tennis- oder Volleyballspiel. Hier soll in übersichtlicher Form kurz festgehalten werden, welche Sportarten sich als Konditionstraining zum Skilauf besonders eignen, wo ihre Vorzüge und ihre Gemeinsamkeiten liegen. Umgekehrt ist aber auch die hier beschriebene Skigymnastik, ein ideales Konditionstraining für jede andere Sportart. Wer daher einen geeigneten Ergänzungssport sucht, kann für die skilose Zeit etwas aus den folgenden Möglichkeiten wählen.

Bergwandern trainiert die Beine, strafft besonders Oberschenkel und Knie, kräftigt Herz und Kreislauf, macht mit der Höhenluft vertraut, ist Erlebnissport wie Skiwandern.

Waldlaufen ist ideales Ganzkörper-Training, schult die Schnellkraft der Beine, regt zur Tiefatmung an (Sauerstoff tanken), kommt dem Bewegungsablauf des Langläufers am nächsten.

Tennis schult speziell das Reaktionsvermögen, die Schwungkraft der Arme, verlangt allgemeine Körperbeherrschung und Konzentration, fördert elastische Beine und Ausdauer.

Schwimmen kräftigt die Oberkörpermuskulatur, die Arme, beansprucht die Beinmuskeln, lockert das Hüftgelenk, schult besonders die Atmung, entspannt durch die Massagewirkung des Wassers.

Rudern trainiert Arm- und Bauchmuskeln, regt zum richtigen Einsatz der Atmung an, kräftigt Herz und Kreislauf, fordert Ausdauer und ist zugleich Kraftsport.

Radfahren hält die Beine elastisch, gibt Gefühl für Balance und damit Bewegungssicherheit, trainiert Herz und Kreislauf durch Dauerleistung, kräftigt die Knie- und Fußgelenke.

Reiten schult die Konzentration und Körperbeherrschung, kräftigt die Beine, trainiert Gleichgewicht und Reaktion und erfordert zuletzt Mut.

Volleyball-Spiel hat anderen Ballspielarten vieles voraus, es fördert die schnelle, kräftige Bewegung des ganzen Körpers, das Training der Arme und Schultern (Stockeinsatz der Langläufer), und ist bereits im kleinen Raum mit wenigen Spielern möglich. Das Spiel verlangt höchste Konzentration und Reaktion.

Schwunggymnastik lockert verkrampfte Muskeln, macht den ganzen Körper beweglich, schafft Verbindung von Bewegungsablauf und Atmung, gibt ein Gefühl für den harmonisch-rhythmischen Bewegungsablauf.

Yoga fördert die Konzentration auf jede Bewegung, strafft die Muskeln, entspannt die Gelenke, schult die allgemeine Körperbeherrschung, schafft Energie und Spannkraft.

Ebenso könnte man auch *Golfspielen* und *Tanzen* als Konditionstraining für den Wintersport bezeichnen. Die Auswahl ist groß. Wichtig allein ist, daß man gezielt und regelmäßig das ganze Jahr über etwas tut. Während der letzten Wochen vor dem Skilaufen kommt dann sinnvolle Skigymnastik an die Reihe. Auf diese Weise gleitet man nahtlos in den Wintersport über, der heute dank Sommerskilauf und Erschließung der Gletscherregionen zum Sportvergnügen das ganze Jahr über wurde.

Gesamt-Programm

Frühjahr 1982

Hobby

Hobby Porträtzeichnen (0603) Von Rita Jovy, ca. 96 S., ca. 20 Farbfotos, 100 Zeichnungen, kartoniert. — ca.* **DM**/Fr **16.80** S 134,–

Aquarellmalerei leicht gemacht. (5099) Von Thomas Hinz, 64 S., 79 Farbfotos, Pappband. — **DM**/Fr **11.80** S 94,–

Naive Malerei leicht gemacht. (5083) Von Felizitas Krettek, 64 S., 76 Farbfotos, Pappband. — **DM**/Fr **11.80** S 94,–

Ölmalerei leicht gemacht. (5073) Von Heiner Karsten, 64 S., 62 Farbfotos, Pappband. — **DM**/Fr **12.80** S 98,–

Zeichnen Sie mal – malen Sie mal (5095) Von Ferry Ahrlé und Volker Kühn, 112 S., 16 Farbtafeln, viele Zeichnungen, kartoniert. — **DM**/Fr **14.80** S 118,–

Bauernmalerei als Kunst und Hobby. (4057) Von Arbo Gast und Hannie Stegmüller, 128 S., 239 Farbfotos, 26 Riß-Zeichnungen, gebunden. — **DM**/Fr **36,–** S 288,–

Hobby-Bauernmalerei (0436) Von Senta Ramos und Jo Roszak, 80 S., 116 Farbfotos und 28 Motivvorlagen, kartoniert. — **DM**/Fr **19.80** S 158,–

Bauernmalerei – leicht gemacht. (5039) Von Senta Ramos, 64 S., 78 Farbfotos, Pappband. — **DM**/Fr **11.80** S 94,–

Glasmalerei als Kunst und Hobby. (4088) Von Felizitas Krettek und Suzanne Beeh-Lustenberger, 132 S., mit 182 Farbfotos, 38 Motivvorlagen, gebunden. — **DM**/Fr **36,–** S 288,–

Transparente Glasmalerei leicht gemacht. (5064) Von Felizitas Krettek, 64 S., 62 Farbfotos, Pappband. — **DM**/Fr **12.80** S 98,–

Glasritzen – ein neues Hobby. (5109) Von Gerlind Mégroz, 64 S., 110 Farbfotos, 15 Zeichnungen, Pappband. — **DM**/Fr **14.80** S 118,–

Brandmalerei leicht gemacht. (5106) Von Klaus Reinhardt, 64 S., 68 Farbfotos, 23 Zeichnungen, Pappband. — **DM**/Fr **11.80** S 94,–

Töpfern als Kunst und Hobby. (4073) Von Johann Fricke, 132 S., 37 Farbfotos, 222 s/w-Fotos, gebunden. — **DM**/Fr **29.80** S 238,–

Arbeiten mit Ton (5048) Von Johann Fricke, 128 S., 15 Farbtafeln, 166 s/w-Fotos, kartoniert. — **DM**/Fr **14.80** S 118,–

Keramik kreativ gestalten (5072) Von Ewald Stark, 64 S., 117 Farbfotos, 2 Zeichnungen, Pappband. — **DM**/Fr **11.80** S 94,–

Fotografie – Das schöne als Ziel Zur Ästhetik und Psychologie der visuellen Wahrnehmung. (4122) Von Ewald Stark, 208 S., ca. 230 Farbfotos, 60 Zeichnungen, Ganzleinen, mit vierfarbigem Schutzumschlag. Voraussichtl. Erscheinungstermin: April 1982. — ca.* **DM**/Fr **78,–** S 624,–

So macht man bessere Fotos Das meistverkaufte Fotobuch der Welt. (0614) Von Martin L. Taylor, 192 S., über 450 Farbfotos, kartoniert. Voraussichtl. Erscheinungstermin: April 1982. — ca.* **DM**/Fr **14.80** S 118,–

Schöne Sachen Selbermachen 88 Ideen zum Modellieren und Verschenken. (5117) Von Evelyn Guder-Thelen, 64 S., 73 Farbfotos, Pappband. — **DM**/Fr **11.80** S 94,–

Modellieren mit selbsthärtendem Material. (5085) Von Klaus Reinhardt, 64 S., 93 Farbfotos, Pappband. — **DM**/Fr **11.80** S 94,–

Hobby Seidenmalerei (0611) Von Renate Henge, 96 S., ca. 100 Farbfotos, Mustervorlagen, kartoniert. — **DM**/Fr **19.80** S 158,–

Hobby Holzschnitzen Von der Astholzfigur zur Vollplastik. (5101) Von Heinz-D. Wilden, 112 S., 16 Farbtafeln, 135 s/w-Fotos, kartoniert. — **DM**/Fr **14.80** S 118,–

Holzspielzeug selbst gebaut und bemalt. (5104) Von Mathias Kern, 64 S., 103 Farbfotos, 9 Zeichnungen, Pappband. — **DM**/Fr **12.80** S 98,–

Marionetten entwerfen · gestalten · führen. (5118) Von Axel Krause und Alfred Bayer, 64 S., 83 Farbfotos, 2 s/w-Fotos, 40 Zeichnungen, Pappband. — **DM**/Fr **14.80** S 118,–

Papiermachen ein neues Hobby. (5105) Von Ralf Weidenmüller, 64 S., 84 Farbfotos, 9 s/w-Fotos, 14 Zeichnungen, Pappband. — **DM**/Fr **14.80** S 118,–

Origami – die Kunst des Papierfaltens. (0280) Von Robert Harbin, 160 S., über 600 Zeichnungen, kartoniert. — **DM**/Fr **9.80** S 78,–

Papier-Basteleien (0406) Von Lena Nessle, 96 S., 84 Fotos, 70 Zeichnungen, teils zweifarbig, kartoniert. — **DM**/Fr **6.80** S 55,–

Phantasieblumen aus Strumpfgewebe, Tauchlack, Papier, Federn. (5091) Von Ruth Scholz-Peters, 64 S., 70 Farbfotos, Pappband. — **DM**/Fr **12.80** S 98,–

Neues farbiges Bastelbuch (4084) Von Friederike Baresel-Anderle, 248 S., 292 Farbtafeln, 123 Zeichnungen, Pappband. — **DM**/Fr **19.80** S 158,–

Kerzen und Wachsbilder gießen · modellieren · bemalen. (5108) Von Christa Riess, 64 S., 110 Farbfotos, Pappband. — **DM**/Fr **11.80** S 94,–

Zinngießen leicht gemacht. (5076) Von Käthi Knauth, 64 S., 85 Farbfotos, Pappband. — **DM**/Fr **12.80** S 98,–

Das Herbarium Pflanzen sammeln, bestimmen und pressen. Gestalten mit Blüten, Blättern und Gräsern. (5113) Von Ingrid Gabriel, 96 S., 140 Farbtafeln, 6 farbige Zeichnungen, Pappband. — **DM**/Fr **16.80** S 134,–

Trockenblumen und Gewürzsträuße (5084) Von Gabriele Vocke, 64 S., 63 Farbfotos, Pappband. — **DM**/Fr **12.80** S 98,–

Flechten mit Bast, Stroh und Peddigrohr. (5098) Von Hanne Hangleiter, 64 S., 47 Farbfotos, 76 Zeichnungen, Pappband. — **DM**/Fr **12.80** S 98,–

Schmuck und Objekte aus Metall und Email (5078) Von Johann Fricke, 120 S., 183 Abbildungen, kartoniert. — **DM**/Fr **16.80** S 134,–

Makramee als Kunst und Hobby. (4085) Von Eva Andersen, 128 S., 114 Farbfotos, 157 s/w-Fotos, gebunden. — **DM**/Fr **34,–** S 272,–

Makramee Knüpfarbeiten leicht gemacht. (5075) Von Birte Pröttel, 64 S., 95 Farbfotos, Pappband. — **DM**/Fr **11.80** S 94,–

Häkeln und Makramee Techniken – Geräte – Arbeitsmuster. (0320) Von Dr. Marianne Stradal, 104 S., 191 Abbildungen und Schemata, kartoniert. — **DM**/Fr **6.80** S 55,–

FALKEN VERLAG

Strick mit! Ein Kurs für Anfänger. (5094) Von Birte Pröttel, 120 S., 72 Farbfotos, 188 s/w-Abbildungen, kartoniert. **DM**/Fr **14.80** S 118,–

Restaurieren von Möbeln Stilkunde, Materialien, Techniken, Arbeitsanleitungen. (4120) Von Ellinor Schnaus-Lorey, ca. 136 S., ca. 400 Zeichnungen, s/w- und Farbfotos, gebunden, mit vierfarbigem Schutzumschlag. Voraussichtl. Erscheinungstermin: April 1982. ca.* **DM**/Fr **34,–** S 272,–

Stoff- und Kuscheltiere stricken, häkeln, nähen. (5090) Von Birte Pröttel, 64 S., 50 Farbfotos, Pappband. **DM**/Fr **11.80** S 94,–

Formen mit Backton trocknen · backen · bemalen · Neu: Töpfern ohne Brennofen. (0612) Von Angelika Köhler, 32 S., ca. 50 Farbfotos, Spiralbindung. **DM**/Fr **6.80** S 55,–

Gestalten mit Salzteig Formen · Bemalen · Lackieren. (0613) Von Wolf-Ulrich Cropp, 32 S., ca. 50 Farbfotos. **DM**/Fr **6.80** S 55,–

Leder schneiden · prägen · besticken. (5125) Von Karl-Heinz Bühler, 64 S., ca. 90 Farbfotos und Zeichnungen, Pappband. **DM**/Fr **14.80** S 118,–

Textiles Gestalten Spinnen · Weben · Stoffdruck · Batik · Makramee · Sticken. (5123) Von Johann Fricke, ca. 128 S., ca. 180 Farb- und s/w-Fotos, kartoniert. Voraussichtl. I. Halbjahr 1982. ca.* **DM**/Fr **16.80** S 134,–

Hobby Stoffdruck und Stoffmalerei (0555) Von Anneliese Ursin, 80 S., 68 Farbfotos, 68 Zeichnungen, kartoniert. **DM**/Fr **19.80** S 158,–

Stoffmalerei und Stoffdruck leicht gemacht. (5074) Von Heide Gehring, 64 S., 110 Farbfotos, Pappband. **DM**/Fr **12.80** S 98,–

Batik leicht gemacht. (5112) Von Arbo Gast, 64 S., 105 Farbfotos, Pappband. **DM**/Fr **12.80** S 98,–

Zugeschaut und mitgebaut Band 1 Helmut Scheuer im Hobby-Keller. (5031) Von Helmut Scheuer, 96 S., 218 Farb- und s/w-Fotos, kartoniert. **DM**/Fr **14.80** S 118,–

Zugeschaut und mitgebaut Band 2 Helmut Scheuer im Hobby-Keller. (5061) Von Helmut Scheuer, 120 S., 277 Farb- und s/w-Fotos, kartoniert. **DM**/Fr **14.80** S 118,–

Zugeschaut und mitgebaut Band 3 Helmut Scheuer im Hobby-Keller. (5077) Von Hemut Scheuer, 120 S., 291 Farb- und s/w-Fotos, kartoniert. **DM**/Fr **14.80** S 118,–

Zugeschaut und mitgebaut Band 4 Helmut Scheuer im Hobby-Keller. (5093) Von Helmut Scheuer, 120 S., 122 Farbfotos, 113 s/w-Abbildungen, kartoniert. **DM**/Fr **14.80** S 118,–

Falken-Handbuch **Heimwerken** Reparieren und selbermachen in Haus und Wohnung – über 1100 Farbfotos. Sonderteil: Praktisches Energiesparen. (4117) Von Thomas Pochert, 440 S., ca. 1103 Farbfotos, 100 ein- und zweifarbige Abbildungen, gebunden. **DM**/Fr **49,–** S 392,–

Möbel aufarbeiten, reparieren, pflegen (0386) Von Ellinor Schnaus-Lorey, 96 S., 104 Fotos und Zeichnungen, kartoniert. **DM**/Fr **6.80** S 55,–

Mineralien und Steine erkennen und benennen. Farben · Formen · Fundorte. (0409) Von Rudolf Graubner, 136 S., 100 Farbfotos, kartoniert. **DM**/Fr **14.80** S 118,–

Findet den ersten Stein! Mineralien, Steine und Fossilien Grundkenntnisse für Hobbysammler. (0437) Von Dieter Stobbe, 96 S., 16 Farbtafeln, 14 s/w-Fotos, 10 Zeichnungen, kartoniert. **DM**/Fr **9.80** S 78,–

Der Verseschmied Kleiner Leitfaden für Hobbydichter. Mit Reimlexikon (0597) Von Theodor Parisius, ca. 96 S., kartoniert. Voraussichtl. Erscheinungstermin: März 1982. ca.* **DM**/Fr **6.80** S 55,–

Briefmarken sammeln für Anfänger. (0481) Von Dieter Stein, 120 S., 4 Farbtafeln, 98 s/w-Abbildungen, kartoniert. **DM**/Fr **7.80** S 65,–

Münzen Ein Brevier für Sammler. (0353) Von Erhard Dehnke, 128 S., 4 Farbtafeln, 17 s/w-Abbildungen, kartoniert. **DM**/Fr **9.80** S 78,–

Münzen sammeln nach Motiven (0480) Von Armin Haug, 176 S., 93 s/w-Fotos, kartoniert. **DM**/Fr **14.80** S 118,–

Papiergeld Ein Brevier für Sammler. (0501) Von Albert Pick, 116 S., 51 s/w-Fotos, kartoniert. **DM**/Fr **9.80** S 78,–

Modellflug-Lexikon (0549) Von Werner Thies, 280 S., 98 s/w-Fotos, 234 Zeichnungen, Pappband. **DM**/Fr **31.50** S 252,–

Flugmodelle bauen und einfliegen. (0361) Von Werner Thies und Willi Rolf, 160 S., 63 Abbildungen und 7 Faltpläne, kartoniert. **DM**/Fr **12.80** S 98,–

Ferngelenkte Motorflugmodelle bauen und fliegen. (0400) Von Werner Thies, 184 S., mit Zeichnungen und Detailplänen, kartoniert. **DM**/Fr **12.80** S 98,–

Das große Modell-Motorenbuch (0560) Von Roland Schwarz, 236 S., 142 s/w-Fotos, 120 Zeichnungen, kartoniert. **DM**/Fr **29.80** S 238,–

Ferngelenkte Segelflugmodelle bauen und fliegen. (0446) Von Werner Thies, 176 S., 22 s/w-Fotos, 115 Zeichnungen, kartoniert. **DM**/Fr **14.80** S 118,–

Schiffsmodelle selber bauen. (0500) Von Dietmar und Reinhard Lochner, 200 S., 93 Zeichnungen, 2 Faltpläne, kartoniert. **DM**/Fr **14.80** S 118,–

Moderne Fotopraxis Bildgestaltung · Aufnahmepraxis · Kameratechnik · Fotolexikon. (4030) Von Wolfgang Freihen, 304 S., davon 50 vierfarbig, gebunden. **DM**/Fr **29.80** S 238,–

Moderne Schmalfilmpraxis Ausrüstungen · Drehbuch · Aufnahme · Schnitt · Vertonung. (4043) Von Uwe Ney, 328 S., über 200 Abbildungen, gebunden. **DM**/Fr **29.80** S 238,–

Schmalfilmen Ausrüstung · Aufnahmepraxis · Schnitt · Ton. (0342) Von Uwe Ney, 108 S., 4 Farbtafeln, 25 s/w-Fotos, kartoniert. **DM**/Fr **6.80** S 55,–

Schmalfilme selbst vertonen (0593) Von Uwe Ney, ca. 96 S., ca. 30 Fotos, kartoniert. Voraussichtl. Erscheinungstermin: Februar 1982. ca.* **DM**/Fr **7.80** S 65,–

Falken-Handbuch **Videofilmen** Systeme, Kameras, Aufnahme, Ton und Schnitt. (4093) Von Peter Lanzendorf 288 S., 8 Farbtafeln, 165 s/w-Fotos, 25 Zeichnungen, gebunden. **DM**/Fr **36,–** S 288,–

Gitarre spielen Ein Grundkurs für den Selbstunterricht. (0534) Von Atti Roßmann, 96 S., 1 Schallfolie, 150 Zeichnungen, durchgehend zweifarbig, kartoniert. **DM**/Fr **19.8** S 158,–

Sport

Die neue Tennis-Praxis Der individuelle Weg zu erfolgreichem Spiel. (4097) Von Richard Schönborn, 240 S., 202 Farbzeichnungen, gebunden. **DM**/Fr **36,–** S 288,–

Erfolgreiche Tennis-Taktik (4086) Von Robert Ford Greene, übersetzt von Michael Rolf Fischer, 181 S., 87 Abbildungen, kartoniert. **DM**/Fr **19.8** S 158,–

Tennis kompakt Der erfolgreiche Weg zu Spiel, Satz und Sieg. (5116) Von Wilfried Taferner, 128 S., 82 s/w-Fotos, 67 Zeichnungen, kartoniert. **DM**/Fr **12.80** S 98,–

Frust und Freud beim Tennis Psychologische Studien der Spielertypen und Verhaltensweisen. (4079) Von H. Cath, A. Kahn und N. Cobb, 176 S., gebunden. **DM**/Fr **19.80** S 158,–

Tennis Technik – Taktik – Regeln. (0375) Von Harald Elschenbroich, 112 S., 81 Abbildungen, kartoniert. **DM**/Fr **6.80** S 55,–

Squash Ausrüstung – Technik – Regeln. (0539) Von Dietrich von Horn und Hein-Dirk Stünitz, 96 S., 55 s/w-Fotos, 25 Zeichnungen, kartoniert. **DM**/Fr **8.80** S 70,–

Golf Ausrüstung – Technik – Regeln. (0343) Von J.C. Jessop, übersetzt von Heinz Biemer, mit einem Vorwort von H. Krings, Präsident des Deutschen Golf-Verbandes, 160 S., 65 Abbildungen, Anhang Golfregeln des DGV, kartoniert. **DM**/Fr **16.80** S 134,–

Tischtennis modern gespielt mit TT-Quiz 17:21. (0363) Von Ossi Brucker und Tibor Harangozo, 120 S., 65 Abbildungen, kartoniert. **DM**/Fr **9.80** S 78,–

Basketball Technik und Übungen für Schule und Verein. (0279) Von Chris Kyriasogiou, 116 S., mit 252 Übungen zur Basketballtechnik, 186 s/w-Fotos und 164 Zeichnungen, kartoniert. **DM**/Fr **12.80** S 98,–

Fußball Training und Wettkampf. (0448) Von Holger Obermann und Peter Walz, 166 S., 93 s/w-Fotos, 56 Zeichnungen, kartoniert. **DM**/Fr **9.80** S 78,–

Mein bester Freund, der Fußball (5107) Von Detlev Brüggemann und Dirk Albrecht, 144 S., 171 Abbildungen, kartoniert. **DM**/Fr **16.80** S 134,–

Handball Technik – Taktik – Regeln. (0426) Von Fritz und Peter Hattig, 128 S., 91 s/w-Fotos, 121 Zeichnungen, kartoniert. **DM**/Fr **9.80** S 78,–

Volleyball Technik – Taktik – Regeln. (0351) Von Henner Huhle, 102 S., 330 Abbildungen, kartoniert. **DM**/Fr **9.80** S 78,–

Segeln (4207) Von Claus Hehner, 96 S., 106 großformatige Farbfotos, Pappband. **DM**/Fr **24.80** S 198,–

Segeln Ein Kurs für Anfänger. (0316) Von H. und L. Blasy, 112 S., 92 Abbildungen, kartoniert. **DM**/Fr **7.80** S 65,–

Falken-Handbuch **Tauchsport** Theorie · Geräte · Technik · Training. (4062) Von Wolfgang Freihen, 264 S., 252 Farbfotos, gebunden. **DM**/Fr **36,–** S 288,–

Wasser-Volleyball (0456) Von Karl-Friedrich Schwarz und Laszlo Sarossi, 80 S., 54 Abbildungen, kartoniert. **DM**/Fr **12.80** S 98,–

Windsurfing Lehrbuch für Grundschein und Praxis. (5028) Von Calle Schmidt, 64 S., 60 Farbfotos, Pappband. **DM**/Fr **12.80** S 98,–

Falken-Handbuch **Angeln** in Binnengewässern und im Meer. (4090) Von Helmut Oppel, 344 S., 24 Farbtafeln, 66 s/w-Fotos, 151 Zeichnungen, gebunden. **DM**/Fr **39,–** S 312,–

Angeln Kleine Fibel für den Sportfischer. (0198) Von E. Bondick, 96 S., 116 Abbildungen, kartoniert. **DM**/Fr **6.80** S 55,–

Sportfischen Fische – Geräte – Technik. (0324) Von Helmut Oppel, 144 S., 49 s/w-Fotos, 8 Farbtafeln, kartoniert. **DM**/Fr **9.80** S 78,–

Skilanglauf für jedermann. Lernen – Üben – Anwenden. (5036) Von Heiner Brinkmann, Sporthochschule Köln, 116 S., 133 s/w-Fotos, kartoniert. **DM**/Fr **12.80** S 98,–

Skischule Ausrüstung · Technik · Gymnastik. (0369) Von Richard Kerler, 128 S., 100 Abbildungen, kartoniert. **DM**/Fr **7.80** S 65,–

Ski-Gymnastik Fit für Piste und Loipe. (0450) Von Hannelore Pilss-Samek, 104 S., 67 s/w-Fotos, 20 Zeichnungen, kartoniert. **DM**/Fr **6.80** S 55,–

Reiten Vom ersten Schritt zum Reiterglück. (5033) Von Herta F. Kraupa-Tuskany, 64 S., 34 Farbfotos, 2 Zeichnungen, Pappband. **DM**/Fr **12.80** S 98,–

Reiten Dressur · Springen · Gelände. (0415) Von Ute Richter, 168 S., 235 Abbildungen, kartoniert. **DM**/Fr **9.80** S 78,–

Voltigieren Pflicht – Kür – Wettkampf. (0455) Von Josephine Bach, 120 S., 4 Farbtafeln, 88 s/w-Fotos, kartoniert. **DM**/Fr **12.80** S 98,–

Fechten Florett – Degen – Säbel. (0449) Von Emil Beck, 88 S., 219 Fotos und Zeichnungen, kartoniert. **DM**/Fr **11.80** S 94,–

Hockey Technische und taktische Grundlagen. (0398) Von Horst Wein, 152 S., mit vielen Zeichnungen und Fotos, kartoniert. **DM**/Fr **16.80** S 134,–

Fibel für Kegelfreunde Sport- und Freizeitkegeln · Bowling. (0191) Von G. Bocsai, 72 S., mit über 60 Abbildungen, kartoniert. **DM**/Fr **5.80** S 49,–

Beliebte und neue Kegelspiele (0271) Von Georg Bocsai, 92 S., 62 Abbildungen, kartoniert. **DM**/Fr **4.80** S 39,–

Pool-Billard (0484) Herausgegeben vom Deutschen Pool-Billard-Bund, von Manfred Bach, Karl-Werner Kühn, 88 S., mit über 80 Abbildungen, kartoniert. **DM**/Fr **7.80** S 65,–

Radsport Radtouristik und Rennen, Technik, Typen. (0550) Von Karl Ziegler und Rolf Lehmann, 120 S., 55 Abbildungen, kartoniert. **DM**/Fr **9.80** S 78,–

Roller-Skating Roller-Jogging · Disco-Rolling. (0518) Von Christa-Maria und Richard Kerler, 80 S., 64 s/w-Fotos, 15 Zeichnungen, kartoniert. **DM**/Fr **7.80** S 65,–

Die Erben Lilienthals **Sportfliegen heute** (4054) Von Günter Brinkmann, 240 S., 32 Farbtafeln, 176 s/w-Fotos, 33 Zeichnungen, gebunden. **DM**/Fr **39,–** S 312,–

Sportschießen für jedermann. (0502) Von Anton Kovacic, 124 S. 116 s/w-Fotos, kartoniert. **DM**/Fr **14.80** S 118,–

Isometrisches Training Übungen für Muskelkraft und Entspannung. (0529) Von Lothar M. Kirsch, 140 S., 164 s/w-Fotos, kartoniert. **DM**/Fr **9.80** S 78,–

Spaß am Laufen Jogging für die Gesundheit. (0470) Von Werner Sonntag, 128 S., 36 Abbildungen, kartoniert. **DM**/Fr **6.80** S 55,–

Falken-Handbuch **Schach** Das Handbuch für Anfänger und Könner. (4051) Von Theo Schuster, 360 S., über 340 Diagramme, gebunden. **DM**/Fr **26,–** S 208,–

Einführung in das Schachspiel (0104) Von W. Wollenschläger und K. Colditz, 92 S., 65 Diagramme, kartoniert. **DM**/Fr **5.80** S 49,–

Spielend Schach lernen (2002) Von Theo Schuster, 128 S., kartoniert. **DM**/Fr **6.80** S 55,–

Schach für Fortgeschrittene Taktik und Probleme des Schachspiels. (0219) Von Rudolf Teschner, 96 S., 85 Schachdiagramme, kartoniert. **DM**/Fr **5.80** S 49,–

Schach-WM '81 Karpow – Kortschnoi. Mit ausführlichem Kommentar zu allen Partien. (0583) Von Großmeister H. Pfleger, O. Borik, 179 S., zahlreiche Diagramme und Fotos, kartoniert. **DM**/Fr **16.80** S 134,–

Schach dem Weltmeister Karpow (0433) Von Theo Schuster, 164 S., 19 Abbildungen, 83 Diagramme, kartoniert. **DM**/Fr **12.80** S 98,–

Neue Schacheröffnungen (0478) Von Theo Schuster, 108 S., 100 Diagramme, kartoniert. **DM**/Fr **8.80** S 70,–

Kinder- und Jugendschach Offizielles Lehrbuch zur Erringung der Bauern-, Turm- und Königsdiplome des Deutschen Schachbundes. (0561) Von B.J. Withuis und Dr. H. Pfleger, 144 S., 11 s/w-Fotos, 223 Abbildungen, kartoniert. **DM**/Fr **12.80** S 98,–

Schachstrategie Ein Intensivkurs mit Übungen und ausführlichen Lösungen. (0584) Von Alexander Koblenz, dt. Bearb. von Karl Colditz, ca. 144 S., ca. 130 Diagramme, kartoniert. Voraussichtl. Erscheinungstermin: April 1982. ca.* **DM**/Fr **14.80** S 118,–

Bodybuilding Anleitung zum Muskel- und Konditionstraining für sie und ihn. (0604) Von Reinhard Smolana, 160 S., 172 Fotos, kartoniert. **DM**/Fr **9.80** S 78,–

Walking Fit, schlank und gesund durch Sportgehen. (0602) Von Gary D. Yanker, ca. 112 S., ca. 50 Fotos, kartoniert. Voraussichtl. Erscheinungstermin: März 1982. ca.* **DM**/Fr **9.80** S 78,–

Budo

Budo-Lexikon 1700 Fachausdrücke fernöstlicher Kampfsportarten. (0383) Von Herbert Velte, 152 S., 95 Abbildungen, kartoniert. **DM**/Fr **12.80** S 98,–

Judo Grundlagen des Stand- und Bodenkampfes. (4013) Von Wolfgang Hofmann, 244 S., 589 Fotos, gebunden. **DM**/Fr **29.80** S 238,–

Neue Lehrmethoden der Judo-Praxis (0424) Von Pierre Herrmann, 223 S., 475 Abbildungen, kartoniert. **DM**/Fr **16.80** S 134,–

Judo Grundlagen – Methodik. (0305) Von Mahito Ohgo, 208 S., 1025 Fotos, kartoniert. **DM**/Fr **14.80** S 118,–

Wir machen Judo (5069) Von Riccardo Bonfranchi und Ulrich Klocke, 92 S., mit Bewegungsabläufen in cartoonartigen zweifarbigen Zeichnungen, kartoniert. **DM**/Fr **12.80** S 98,–

Fußwürfe für Judo, Karate und Selbstverteidigung. (0439) Von Hayward Nishioka, übersetzt von Hans-Jürgen Hesse, 96 S., 260 Abbildungen, kartoniert. **DM**/Fr **9.80** S 78,–

Das Karate-Buch-Ereignis seit Jahren! Alles Wissen über KARATE – diese hohe Kunst der Selbstverteidigung – erscheint in einer 8bändigen Buchserie.

Nakayamas Karate perfekt 1 Einführung. (0487) Von Masatoshi Nakayama, 136 S., 605 s/w-Fotos, kartoniert. **DM**/Fr **19.80** S 158,–

Nakayamas Karate perfekt 2 Grundtechniken. (0512) Von Masatoshi Nakayama, 136 S., 354 s/w-Fotos, 53 Zeichnungen, kartoniert. **DM**/Fr **19.80** S 158,–

Nakayamas Karate perfekt 3 Kumite 1: Kampfübungen. (0538) Von Masatoshi Nakayama, 128 S., 424 s/w-Fotos, kartoniert. **DM**/Fr **19.80** S 158,–

Nakayamas Karate perfekt 4 Kumite 2: Kampfübungen. (0547) Von Masatoshi Nakayama, 128 S., 394 s/w-Fotos, kartoniert. **DM**/Fr **19.80** S 158,–

Nakayamas Karate perfekt 5 Kata 1: Heian, Tekki. (0571) Von Masatoshi Nakayama, 144 S., 1229 s/w-Fotos, kartoniert. **DM**/Fr **19.80** S 158,–

Nakayamas Karate perfekt 6 Kata 2: Bassai-Dai, Kanku-Dai. (0600) Von Masotoshi Nakayama, Übers. Hans-Jürgen Hesse, 144 S., ca. 1300 Fotos, kartoniert. **DM**/Fr **19.80** S 158,–

Karate für Frauen und Mädchen Sport und Selbstverteidigung. (0425) Von Albrecht Pflüger, 168 S., 259 s/w-Fotos, kartoniert. **DM**/Fr **9.80** S 78,–

Karate I Einführung · Grundtechniken (0227) Von Albrecht Pflüger, 148 S., 195 s/w-Fotos und Zeichnungen, kartoniert. **DM**/Fr **9.80** S 78,–

Karate II Kombinationstechniken · Katas. (0239) Von Albrecht Pflüger, 176 S., 452 s/w-Fotos und Zeichnungen, kartoniert. **DM**/Fr **9.80** S 78,–

Karate-Do Das Handbuch des modernen Karate. (4028) Von Albrecht Pflüger, 360 S., 1159 Abbildungen, gebunden. **DM**/Fr **29.8** S 238,–

Karate für alle Karate-Selbstverteidigung in Bildern. (0314) Von Albrecht Pflüger, 112 S., 356 s/w-Fotos, kartoniert. **DM**/Fr **8.80** S 70,–

Kontakt-Karate Ausrüstung · Technik · Training. (0396) Von Albrecht Pflüger, 112 S., 238 s/w-Fotos, kartoniert. **DM**/Fr **12.8** S 98,–

Der König des Kung-Fu **Bruce Lee** Sein Leben und Kampf. (0392) Von seiner Frau Linda. Deutsch von W. Nottrodt, 136 S., 104 s/w-Fotos, mit großem Bruce-Lee-Poster, kartoniert. **DM**/Fr **19.8** S 158,–

Bo-Karate Kukishin-Ryu – die Techniken des Stockkampfes. (0447) Von Georg Stiebler, 176 S., 424 s/w-Fotos, 38 Zeichnungen, kartoniert. **DM**/Fr **16.80** S 134,–

Bruce Lees Jeet Kune Do (0440) Von Bruce Lee übersetzt von Hans-Jürgen Hesse, 192 S., mit 105 eigenhändigen Zeichnungen von Bruce Lee, kartoniert. **DM**/Fr **19.80** S 158,–

Bruce Lees Kampfstil 1 Grundtechniken. (0473) Von Bruce Lee und M. Uyehara, 109 S., 220 Abbildungen, kartoniert. **DM**/Fr **9.80** S 78,–

Bruce Lees Kampfstil 2 Selbstverteidigungstechniken. (0486) Von Bruce Lee und M. Uyehara, 128 S., 310 Abbildungen, kartoniert. **DM**/Fr **9.80** S 78,–

Bruce Lees Kampfstil 3 Trainingslehre. (0503) Von Bruce Lee und M. Uyehara, 112 S., 246 Abbildungen, kartoniert. **DM**/Fr **9.80** S 78,–

Bruce Lees Kampfstil 4 Kampftechniken. (0523) Von Bruce Lee und M. Uyehara, 104 S., 211 Abbildungen, kartoniert. **DM**/Fr **9.80** S 78,–

Kung-Fu und Tai-Chi Grundlagen und Bewegungsabläufe. (0367) Von Bruce Tegner, 182 S., 370 s/w-Fotos, kartoniert. **DM**/Fr **14.80** S 118,–

Kung-Fu II Theorie und Praxis klassischer und moderner Stile. (0376) Von Manfred Pabst, 160 S., 330 Abbildungen, kartoniert. **DM**/Fr **12.80** S 98,–

Shaolin-Kempo – Kung-Fu Chinesisches Karate im Drachenstil. (0395) Von Ronald Czerni und Klaus Konrad, 236 S., 723 Abbildungen, kartoniert. **DM**/Fr **19.80** S 158,–

Ju-Jutsu Grundtechniken – Moderne Selbstverteidigung. (0276) Von Werner Heim und Franz J. Gresch, 160 S., 460 s/w-Fotos, kartoniert. **DM**/Fr **9.80** S 78,–

Ju-Jutsu 2 für Fortgeschrittene und Meister. (0378) Von Werner Heim und Franz J. Gresch, 164 S., 798 s/w-Fotos, kartoniert. **DM**/Fr **19.80** S 158,–

Ju-Jutsu 3 Spezial-, Gegen- und Weiterführungstechniken. (0485) Von Werner Heim und Franz J. Gresch, 214 S., über 600 s/w-Fotos, kartoniert. **DM**/Fr **19.80** S 158,–

Nunchaku Waffe · Sport · Selbstverteidigung. (0373) Von Albrecht Pflüger, 144 S., 247 Abbildungen, kartoniert. **DM**/Fr **16.80** S 134,–

Shuriken · Tonfa · Sai Stockfechten und andere bewaffnete Kampfsportarten aus Fernost. (0397) Von Andreas Schulz, 96 S., 253 s/w-Fotos, kartoniert. **DM**/Fr **12.80** S 98,–

Illustriertes Handbuch des Taekwon-Do Koreanische Kampfkunst und Selbstverteidigung. (4053) Von Konstantin Gil, 248 S., 1026 Abbildungen, gebunden. **DM**/Fr **29.80** S 238,–

Taekwon-Do Koreanischer Kampfsport. (0347) Von Konstantin Gil, 152 S., 408 Abbildungen, kartoniert. **DM**/Fr **12.80** S 98,–

Aikido Lehren und Techniken des harmonischen Weges. (0537) Von Rolf Brand, 280 S., 697 Abbildungen, kartoniert. **DM**/Fr **19.80** S 158,–

Hap Ki Do Grundlagen und Techniken koreanischer Selbstverteidigung. (0379) Von Kim Sou Bong, 112 S., 153 Abbildungen, kartoniert. **DM**/Fr **14.80** S 118,–

Dynamische Tritte Grundlagen für den Zweikampf. (0438) Von Chong Lee, übersetzt von Manfred Pabst, 96 S., 398 s/w-Fotos, 10 Zeichnungen, kartoniert. **DM**/Fr **9.80** S 78,–

Wissen und Technik

Antiquitäten-(Ver)führer Stilkunde – Wert – Echtheitsbestimmung. (5057) Von Margot Lutze, 128 S., 191 Farbfotos, Pappband. **DM**/Fr **19.80** S 158,–

Heiße Öfen Motorräder · Motorsport. (5008) Von Horst Briel, 64 S., 63 Farbfotos, Pappband. **DM**/Fr **12.80** S 98,–

Dampflokomotiven (4204) Von Werner Jopp, 96 S., 134 großformatige Farbfotos, Pappband. **DM**/Fr **24.80** S 198,–

Der Sklave Calvisius Alltag in einer römischen Provinz 150 n. Chr. (4058) Von Alice Ammermann, Tilmann Röhrig, Gerhard Schmidt, 120 S., 99 Farbfotos und farbige Zeichnungen, 47 s/w-Fotos und Zeichnungen, Pappband. **DM**/Fr **19.80** S 158,–

ZDF · ORF · DRS **KOMPASS Jugend-Lexikon** (4096) Von Richard Kerler, Jochen Blum, unter Mitarbeit von Ursula Kopp, 336 S., 766 Farbfotos, 39 s/w-Fotos und Zeichnungen, Pappband. **DM**/Fr **29.80** S 238,–

Freizeit mit dem Mikroskop (0291) Von Martin Deckart, 132 S., 69 s/w-Fotos, 4 Zeichnungen, kartoniert. **DM**/Fr **9.80** S 78,–

Die schnellsten Motorboote der Welt (4210) Von Hans G. Isenberg, 96 S., 104 großformatige Farbfotos, Pappband. **DM**/Fr **24.80** S 198,–

Keine Angst vorm Fliegen (0463) Von Rudolf Braunburg und R.J. Pieritz, 159 S., 15 Farbtafeln, 68 s/w-Fotos, kartoniert. **DM**/Fr **12.80** S 98,–

Die tollsten Motorflugzeuge aller Zeiten (4208) Von Richard J. Höhn und Hans G. Isenberg, 96 S., 86 großformatige Farbfotos, Pappband. **DM**/Fr **19.80** S 158,–

Zivilflugzeuge Vom Kleinflugzeug zum Überschall-Jet. (4218) Von Richard J. Höhn und Hans G. Isenberg, 96 S., 115 großformatige Farbfotos, Pappband. **DM**/Fr **19.80** S 158,–

Die schnellsten Autos der Welt (4201) Von Hans G. Isenberg, und Dirk Maxeiner, 96 S., 110 meist vierfarbige Abbildungen, Pappband. **DM**/Fr **19.80** S 158,–

CB-Code Wörterbuch und Technik. (0435) Von Richard Kerler, 120 S., mit technischen Abbildungen, kartoniert. **DM**/Fr **7.80** S 65,–

Die rasantesten Rallyes der Welt (4213) Von Hans G. Isenberg und Dirk Maxeiner, 96 S., 116 großformatige Farbfotos, Pappband. **DM**/Fr **19.80** S 158,–

Auto-Rallyes für jedermann Planen – ausrichten – mitfahren. (0457) Von Rüdiger Hagelberg, 104 S., kartoniert. **DM**/Fr **9.80** S 78,–

Raketen auf Rädern Autos und Motorräder an der Schallgrenze. (4220) Von Hans G. Isenberg, 96 S., 112 großformatige Farbfotos, 21 s/w-Fotos, Pappband. **DM**/Fr **19.80** S 158,–

Motorrad-Hits Chopper, Tribikes, Heiße Öfen (4221) Von Hans Georg Isenberg, 96 S., über 120 Farbfotos, Pappband. **DM**/Fr **24.80** S 198,–

Die schnellsten Motorräder der Welt (4206) Von Hans G. Isenberg und Dirk Maxeiner, 96 S., 100 großformatige Farbfotos, Pappband. **DM**/Fr **19.80** S 158,–

Energie aus Sonne, Wasser, Wind und Eis Alles über Wärmedämmung, Wärmepumpen, Sonnendächer und andere Systeme. (0552) Von Volker Petzold, 216 S., 124 Abbildungen, kartoniert. **DM**/Fr **16.80** S 134,–

Pflanzen, Garten, Tiere

Faszination Berg zwischen Alpen und Himalaya. (4214) Von Toni Hiebeler, 96 S., 100 großformatige Farbfotos, Pappband. **DM**/Fr **22.80** S 182,–

Die bunte Welt der Wiesenblumen (4217) Von Friedrich Jantzen, 96 S., 121 großformatige Farbfotos, Pappband. **DM**/Fr **19.80** S 158,–

Gefährdete und geschützte Pflanzen erkennen und benennen. (0596) Von Wieland Schnedler und Karl Wolfstetter, 160 S., ca. 120 Farbfotos, kartoniert. Voraussichtl. Erscheinungstermin: März 1982. ca.* **DM**/Fr **19.80** S 158,–

Großes Kräuter- und Gewürzbuch (4026) Von Heinz Görz, 584 S., 40 Farbtafeln, 152 Abbildungen, gebunden. **DM**/Fr **36,–** S 288,–

Gesundes Leben im Naturgarten So wird man erfolgreicher Bio-Gärtner. (4124) Von Norbert Jorek, 136 S., ca. 75 Fotos, kartoniert. Voraussichtl. Erscheinungstermin: März 1982. ca.* **DM**/Fr **12.80** S 98,–

Arzneikräuter und Wildgemüse erkennen und benennen. (0459) Von Jörg Raithelhuber, 144 S., 108 Farbfotos, kartoniert. **DM**/Fr **14.80** S 118,–

Die farbige Kräuterfibel (0245) Von Ingrid Gabriel, 196 S., 49 farbige und 97 s/w-Abbildungen, Pappband. **DM**/Fr **14.80** S 118,–

Bäume und Sträucher erkennen und benennen. (0509) Von Jörg Raithelhuber, 116 S., 108 Farbfotos, kartoniert. **DM**/Fr **16.80** S 134,–

Beeren und Waldfrüchte erkennen und benennen, eßbar oder giftig? (0401) Von Jörg Raithelhuber, 120 S., 94 Farbfotos, kartoniert. **DM**/Fr **16.80** S 134,–

Falken-Handbuch **Pilze** Mit über 250 Farbfotos und Rezepten. (4061) Von Martin Knoop, 276 S., 250 Farbfotos, 28 Zeichnungen, gebunden. **DM**/Fr **36,–** S 288,–

Pilze erkennen und benennen. (0380) Von Jörg Raithelhuber, 136 S., 110 Farbfotos, kartoniert. **DM**/Fr **14.80** S 118,–

Falken-Handbuch **Der Garten** Das moderne illustrierte Standardwerk. (4044) Von Gerhard Bambach, unter Mitarbeit von Ulrich Kaiser, Wolfgang Velte und Joachim Zech, 854 S., 46 Farbtafeln, 972 s/w-Fotos, 85 Zeichnungen, gebunden. **DM**/Fr **46,–** S 368,–

Das Gartenjahr Arbeitsplan für draußen und drinnen. (4075) Von Gerhard Bambach, 152 S., 16 Farbtafeln, viele Abbildungen, kartoniert. **DM**/Fr **12.80** S 98,–

Gärtnern (5004) Von Inge Manz, 64 S., 38 Farbfotos, Pappband. **DM**/Fr **11.80** S 94,–

Steingärten Anlage – Pflanzen – Pflege. (5092) Von Martin Haberer, 64 S., 90 Farbfotos, Pappband. **DM**/Fr **12.80** S 98,–

Gartenteiche und Wasserspiele planen, anlegen und pflegen. (4083) Von Horst R. Sikora, 160 S., 16 Farbtafeln, über 100 Skizzen und Abbildungen, Pappband. **DM**/Fr **29.80** S 238,–

Ziersträucher und -bäume im Garten (5071) Von Inge Manz, 64 S., 91 Farbfotos, Pappband. **DM**/Fr **12.80** S 98,–

Blumenpracht im Garten (5014) Von Inge Manz, 64 S., 93 Farbfotos, Pappband. **DM**/Fr **12.80** S 98,–

Rosen Arten – Pflanzung – Pflege. (5065) Von Inge Manz, 64 S., 60 Farbfotos, Pappband. **DM**/Fr **11.80** S 94,–

Frühbeet und Kleingewächshaus (5055) Von Gustav Schoser, 64 S., 43 Farbfotos, Pappband. **DM**/Fr **12.80** S 98,–

Gemüse und Kräuter frisch und gesund aus eigenem Anbau. (5024) Von Mechthild Hahn, 64 S., 71 Farbfotos, Pappband. **DM**/Fr **12.80** S 98,–

Der Obstgarten Pflanzung · Pflege · Baumschnitt · Neuheiten. (5100) Von Joachim Zech, 64 S., 54 Farbfotos, Pappband. **DM**/Fr **12.80** S 98,–

Balkons in Blütenpracht zu allen Jahreszeiten. (5047) Von Nikolaus Uhl, 64 S., 82 Farbfotos, Pappband. **DM**/Fr **12.80** S 98,–

Grabgestaltung Bepflanzung und Pflege zu jeder Jahreszeit. (5120) Von Nikolaus Uhl, 64 S., 77 Farbfotos, 2 Zeichnungen, Pappband. **DM**/Fr **14.80** S 118,–

Bonsai Japanische Miniaturbäume und Miniaturlandschaften. Anzucht, Gestaltung und Pflege. (4091) Von Benedikt Lesniewicz, 160 S., 106 Farbfotos, 46 s/w-Fotos, 115 Zeichnungen, gebunden. **DM**/Fr **58,–** S 549,–

Falken-Handbuch **Zimmerpflanzen** 1600 Pflanzenporträts. (4082) Von Rolf Blaich, 432 S., 480 Farbfotos, 84 Zeichnungen, 1600 Pflanzenbeschreibungen, gebunden. **DM**/Fr **39,–** S 312,–

Zimmerpflanzen in Farbe. (5010) Von Inge Manz, 64 S., 98 Farbfotos, Pappband. **DM**/Fr **11.80** S 94,–

Zimmerbäume, Palmen und andere Blattpflanzen (5111) Von Gustav Schoser, 96 S., 98 Farbfotos, 7 Zeichnungen, Pappband. **DM**/Fr **16.80** S 134,–

Hydrokultur Pflanzen ohne Erde – mühelos gepflegt. (4080) Von Hans-August Rotter, 120 S., 67 farbige und s/w-Abbildungen sowie Zeichnungen, gebunden. **DM**/Fr **19.80** S 158,–

Blütenpracht in Grolit 2000 Der neue, mühelose Weg zu farbenprächtigen Zimmerpflanzen. (5127) Von Gabriele Vocke, 64 S., 50 Farbfotos, Pappband. **DM**/Fr **9.80** S 78,–

Faszinierende Formen und Farben **Kakteen** (4211) Von Katharina und Franz Schild, 96 S., 127 großformatige Farbfotos, Pappband. **DM**/Fr **19.80** S 158,–

Kakteen Herkunft, Anzucht, Pflege, Klimabedingungen. (5021) Von Werner Hoffmann, 64 S., 70 Farbfotos, Pappband. **DM**/Fr **11.80** S 94,–

Fibel für Kakteenfreunde (0199) Von H. Herold, 102 S., 8 Farbtafeln, kartoniert. **DM**/Fr **7.80** S 65,–

Kakteen und andere Sukkulenten 300 Arten mit über 500 Farbfotos (4116) Von Günter Andersohn, ca. 320 S., gebunden, mit vierfarbigem Schutzumschlag. Voraussichtl. Erscheinungstermin: März 1982. ca.* **DM**/Fr **36,–** S 288,–

Sukkulenten Mittagsblumen, Lebende Steine, Wolfsmilchgewächse u.a. (5070) Von Werner Hoffmann, 64 S., 82 Farbfotos, Pappband. **DM**/Fr **11.80** S 94,–

Orchideen (4215) Von Gustav Schoser, 96 S., 143 großformatige Farbfotos, Pappband. — **DM**/Fr **24.80** S 198,–

Orchideen Eigenart – Schnittblumen – Topfkultur – Pflege. (5038) Von Gustav Schoser, 64 S., 75 Farbfotos, Pappband. — **DM**/Fr **14.80** S 118,–

Sag's mit Blumen Pflege und Arrangieren von Schnittblumen. (5103) Von Peter Möhring ca. 64 S., ca. 70 Farbfotos, Pappband. Voraussichtl. Erscheinungstermin: 1. Halbjahr 82 — ca.* **DM**/Fr **9.80** S 78,–

Ikebana Einführung in die japanische Kunst des Blumensteckens. (0548) Von Gabriele Vocke, 152 S., 47 Farbfotos, kartoniert. — **DM**/Fr **19.80** S 158,–

Blumengestecke im Ikebanastil (5041) Von Gabriele Vocke, 64 S., 37 Farbfotos, viele Zeichnungen, kartoniert. — **DM**/Fr **14.80** S 118,–

Dauergestecke mit Zweigen, Trocken- und Schnittblumen. (5121) Von Gabriele Vocke, 64 S., ca. 50 Farbfotos, Pappband. Voraussichtl. Erscheinungstermin: 1. Halbjahr 82 — ca.* **DM**/Fr **14.80** S 118,–

Falken-Handbuch **Hunde** (4118) Von Horst Bielfeld, 176 S., 222 Farbfotos und Farbzeichnungen, gebunden. — **DM**/Fr **39,–** S 312,–

Hunde Rassen · Erziehung · Haltung. (4209) Von Horst Bielfeld, 96 S., 101 großformatige Farbfotos, Pappband. — **DM**/Fr **19.80** S 158,–

Das neue Hundebuch Rassen · Aufzucht · Pflege. (0009) Von W. Busack, überarbeitet von Dr. med. vet. A.H. Hacker, 104 S., viele Abbildungen, kartoniert. — **DM**/Fr **8.80** S 70,–

Falken-Handbuch **Der Deutsche Schäferhund** (4077) Von Ursula Förster, 228 S., 160 farbige und s/w-Abbildungen sowie Zeichnungen, gebunden. — **DM**/Fr **29.80** S 238,–

Der Deutsche Schäferhund (0073) Von Alfred Hacker, 104 S., 24 Abbildungen, kartoniert. — **DM**/Fr **7.80** S 65,–

Dackel, Teckel, Dachshund Aufzucht · Pflege · Ausbildung. (0508) Von Marianne Wein-Gysae, 112 S., 4 Farbtafeln, 43 s/w-Fotos, 2 Zeichnungen, kartoniert. — **DM**/Fr **9.80** S 78,–

Hunde-Ausbildung Verhalten – Gehorsam – Abrichtung. (0346) Von Prof. Dr. R. Menzel, 96 S., 18 Fotos, kartoniert. — **DM**/Fr **7.80** S 65,–

Hundekrankheiten Erkennung und Behandlung · Steuerung des Sexualverhaltens. (0570) Von Dr. med. vet. Rolf Spangenberg, 128 S., 68 s/w-Fotos, 10 Zeichnungen, kartoniert. — **DM**/Fr **9.80** S 78,–

Ziervögel in Haus und Voliere. Arten – Verhalten – Pflege. (0377) Von Horst Bielfeld, 144 S., 32 Farbfotos, kartoniert. — **DM**/Fr **9.80** S 78,–

Papageien und Sittiche Arten · Pflege · Sprechunterricht. (0591) Von Horst Bielfeld, ca. 112 S., über 30 Farbfotos, kartoniert. Voraussichtl. Erscheinungstermin: April 1982. — ca.* **DM**/Fr **9.80** S 78,–

Vögel Die wichtigsten Arten Mitteleuropas. Erkennen und benennen. (0554) Von Joachim Zech, 152 S., 135 Farbfotos, 4 s/w-Fotos, 5 Zeichnungen, kartoniert. — **DM**/Fr **16.80** S 134,–

Schmetterlinge Tagfalter Mitteleuropas erkennen und benennen. (0510) Von Thomas Ruckstuhl, 156 S., 136 Farbfotos, kartoniert. — **DM**/Fr **16.80** S 134,–

Insekten Mitteleuropas erkennen und benennen. (0588) Von Helmut Bechtel, ca. 144 S., ca. 120 Farbfotos, 15 Zeichnungen, kartoniert. Voraussichtl. Erscheinungstermin: März 1982. — ca.* **DM**/Fr **16.80** S 134,–

Ponys Rassen, Haltung, Reiten. (4205) Von Stefan Braun, 96 S., 84 großformatige Farbfotos, Pappband. — **DM**/Fr **19.80** S 158,–

Dinosaurier und andere Tiere der Urzeit. (4219) Von Gerolf Alschner, 96 S., 81 großformatige Farbzeichnungen, 4 s/w-Fotos, Pappband. — **DM**/Fr **19.80** S 158,–

Süßwasser-Aquaristik Exotische Welt im Glas. (5080) Von Lothar Scheller, 64 S., 67 Farbfotos und Zeichnungen, Pappband. — **DM**/Fr **14.80** S 118,–

Das Süßwasser-Aquarium Einrichtung – Pflege – Fische – Pflanzen (0153) Von H.J. Mayland, 132 S., 163 Zeichnungen, 8 Farbtafeln, kartoniert. — **DM**/Fr **8.80** S 70,–

Aquarienfische des tropischen Süßwassers. (5003) Von Hans J. Mayland, 64 S., 98 Farbfotos, Pappband. — **DM**/Fr **12.80** S 98,–

Das Meerwasser-Aquarium Einrichtung – Pflege – Fische und niedere Tiere. (0281) Von Hans J. Mayland, 146 S., 30 farbige und 228 s/w-Abbildungen, kartoniert. — **DM**/Fr **14.80** S 118,–

Falken-Handbuch **Das Terrarium** (4069) Von Burkhard Kahl, Paul Gaupp, Dr. Günter Schmidt, 336 S., 215 Farbfotos, gebunden. — **DM**/Fr **48,–** S 384,–

Katzen Rassen · Haltung · Pflege. (4216) Von Brigitte Eilert-Overbeck, 96 S., 82 großformatige Farbfotos, Pappband. — **DM**/Fr **19.80** S 158,–

Das neue Katzenbuch Rassen – Aufzucht – Pflege. (0427) Von Brigitte Eilert-Overbeck, 136 S., 14 Farbfotos, 26 s/w-Fotos, kartoniert. — **DM**/Fr **8.80** S 70,–

Das Aquarium Einrichtung, Pflege und Fische für Süß- und Meerwasser. (4029) Von Hans J. Mayland, 334 S., über 415 Farbfotos und Farbtafeln, 150 Zeichnungen, gebunden. — **DM**/Fr **39,–** S 312,–

Süßwasser-Aquarienfische (4212) Von Burkhard Kahl, 96 S., 108 großformatige Farbfotos, Pappband. — **DM**/Fr **22.80** S 182,–

Essen und Trinken

Kochen, was allen schmeckt 1700 Koch- und Backrezepte für jede Gelegenheit. (4098) Von Anneliese und Gerhard Eckert, 796 S., 60 Farbtafeln, Pappband. **DM**/Fr **19.80** S 158,–

Max Inzingers 111 beste Rezepte (4041) Von Max Inzinger, 124 S., 35 Farbtafeln, kartoniert. **DM**/Fr **19.80** S 158,–

Omas Küche und unsere Küche heute (4089) Von J. Peter Lemcke, 160 S., 8 Farbtafeln, 95 Zeichnungen, Pappband. **DM**/Fr **24.80** S 198,–

Der lachende Feinschmecker Fred Metzlers Rezepte mit Pointen. (0475) Von Fred Metzler, 136 S., mit Zeichnungen von Ferry Ahrlé, Pappband. **DM**/Fr **12.80** S 98,–

Was koche ich heute? Neue Rezepte für Fix-Gerichte. (0608) Von Annette Badelt-Vogt, 112 S., 16 Farbtafeln, kartoniert. **DM**/Fr **9.80** S 78,–

Kulinarische Genüsse für Verliebte (4071) Von Claus Arius, 128 S., 16 Farbtafeln, gebunden. **DM**/Fr **24.80** S 198,–

Schnelle Küche (4095) Von Anneliese und Gerhard Eckert, 136 S., 15 Farbtafeln, 61 Zeichnungen, kartoniert. **DM**/Fr **9.80** S 78,–

Kochen für 1 Person Rationell wirtschaften, abwechslungsreich und schmackhaft zubereiten. (0586) Von M. Nicolin, ca. 144 S., 8 Farbtafeln, 12 Zeichnungen, kartoniert. Voraussichtl. Erscheinungstermin: März 1982. ca.* **DM**/Fr **9.80** S 78,–

Die besten Eintöpfe und Aufläufe (5079) Von Anneliese und Gerhard Eckert, 64 S., 49 Farbfotos, Pappband. **DM**/Fr **11.80** S 94,–

Kalte und warme Vorspeisen einfach · herzhaft · raffiniert. (5045) Von Karin Iden, 64 S., 43 Farbfotos, Pappband. **DM**/Fr **12.80** S 98,–

Süße Nachspeisen (0601) Von Petra Lohmann, ca. 96 S., 8 Farbtafeln, kartoniert. Voraussichtl. Erscheinungstermin: März 1982. ca.* **DM**/Fr **7.80** S 65,–

Nudelgerichte – lecker, locker, leicht zu kochen. (0466) Von Christiane Stephan, 80 S., 8 Farbtafeln, kartoniert. **DM**/Fr **6.80** S 55,–

Weltmeister-Soßen Die Krönung der feinen Küche. (0357) Von Giovanni Cavestri, 100 S., 14 Farbtafeln, kartoniert. **DM**/Fr **9.80** S 78,–

Köstliche Suppen für jede Tages- und Jahreszeit. (5122) Von Elke Fuhrmann, 64 S., 38 Farbfotos, Pappband. **DM**/Fr **11.80** S 94,–

Desserts (5020) Von Margrit Gutta, 64 S., 38 Farbfotos, Pappband. **DM**/Fr **12.80** S 98,–

Gesund kochen wasserarm · fettfrei · aromatisch. (4060) Von Margrit Gutta, 240 S., 16 Farbtafeln, Pappband. **DM**/Fr **19.80** S 158,–

Alternativ essen Die gesunde Sojaküche. (0553) Von Uwe Kolster, 112 S., 8 Farbtafeln, kartoniert. **DM**/Fr **9.80** S 78,–

Gesunde Kost aus dem Römertopf (0442) Von Jutta Kramer, 128 S., 8 Farbtafeln, 13 Zeichnungen, kartoniert. **DM**/Fr **7.80** S 65,–

Ganz und gar mit Mikrowellen (4094) Von Tina Peters, 208 S., 24 Farbtafeln, 12 Zeichnungen, Pappband. **DM**/Fr **29.80** S 238,–

Das neue Mikrowellen-Kochbuch (0434) Von Hermann Neu, 64 S., 4 Farbtafeln, kartoniert. **DM**/Fr **5.80** S 49,–

Kochen und backen im Heißluftherd Vorteile, Gebrauchsanleitung, Rezepte. (0516) Von Katharina Kölner, 72 S., 8 Farbtafeln, kartoniert. **DM**/Fr **7.80** S 65,–

Schnell gekocht – gut gekocht mit vielen Rezepten für Schnellkochtöpfe und Schnellbratpfannen. (0265) Von Irmgard Persy, 96 S., 8 Farbtafeln, kartoniert. **DM**/Fr **7.80** S 65,–

Das neue Fritieren geruchlos, schmackhaft und gesund. (0365) Von Petra Kühne, 96 S., 8 Farbtafeln, kartoniert. **DM**/Fr **7.80** S 65,–

Hobby-Kochbuch für Tiefkühlkost (0302) Von Ruth Vollmer-Ruprecht, 104 S., 8 Farbtafeln, kartoniert. **DM**/Fr **8.80** S 70,–

Alles über Einkochen, Einlegen, Einfrieren Gesund und herzhaft. (4055) Von Birgit Müller, 152 S., 16 Farbtafeln, kartoniert. **DM**/Fr **12.80** S 98,–

Einkochen nach allen Regeln der Kunst. (0405) Von Birgit Müller, 96 S., 8 Farbtafeln kartoniert. **DM**/Fr **6.80** S 55,–

Natursammlers Kochbuch Wildfrüchte und -gemüse, Pilze, Kräuter – finden und zubereiten. (4040) Von Christa-Maria Kerler, 140 S., 12 Farbtafeln, gebunden. **DM**/Fr **19.80** S 158,–

Kräuter- und Heilpflanzen-Kochbuch für eine gesunde Lebensweise. (4066) Von Pia Pervenche, 143 S., 15 Farbtafeln, kartoniert. **DM**/Fr **12.80** S 98,–

Miekes Kräuter- und Gewürzkochbuch (0323) Von Irmgard Persy und Klaus Mieke, 96 S., 8 Farbtafeln, kartoniert. **DM**/Fr **6.80** S 55,–

Wildgerichte einfach bis raffiniert. (5115) Von Margrit Gutta, 64 S., 43 Farbfotos, Pappband. **DM**/Fr **12.80** S 98,–

Wild und Geflügel (4056) Von Christine Schönherr, 256 S., 122 großformatige Farbfotos, gebunden. **DM**/Fr **48,–** S 384,–

Geflügel Die besten Rezepte aus aller Welt. (5050) Von Margrit Gutta, 64 S., 32 Farbfotos, Pappband. **DM**/Fr **12.80** S 98,–

Grillen – drinnen und draußen. (4047) Von Claus Arius, 152 S., 30 Farbtafeln, kartoniert. **DM**/Fr **12.80** S 98,–

Grillen Fleisch · Fisch · Beilagen · Soßen. (5001) Von Elke Fuhrmann, 64 S., 38 Farbfotos, Pappband. **DM**/Fr **11.80** S 94,–

Die neue Grillküche Garen und backen im Quarz-Grill. (0419) Von Marianne Bormio, 80 S., 8 Farbtafeln, kartoniert. **DM**/Fr **7.80** S 65,–

Raffinierte Steaks und andere Fleischgerichte. (5043) Von Gerhard Eckert, 64 S., 37 Farbfotos, Pappband. **DM**/Fr **12.80** S 98,–

Falken-Kombi-Kochbuch Die Kochidee mit neuem Dreh **Fleischgerichte** (4099) Von Alfred Berliner, 48 S., 69 Farbfotos, Spiralbindung, Pappband. — DM/Fr 19.80, S 158,–

Fischküche kalt und warm · mild und herzhaft. (5052) Von Heidrun Gebhardt, 64 S., 36 Farbfotos, Pappband. — DM/Fr 12.80, S 98,–

Chinesisch kochen Rezepte für die häusliche Küche. (5011) Von Karl-Heinz Haß, 64 S., 36 Farbfotos, Pappband. — DM/Fr 11.80, S 94,–

Chinesisch kochen mit dem WOK-Topf und dem Mongolen-Topf. (0557) Von Christiane Korn, 64 S., 8 Farbtafeln, kartoniert. — DM/Fr 7.80, S 65,–

Dänische Küche Nordische Tafelfreuden. (5086) Von Holger Hofmann, 64 S., 39 Farbfotos, Pappband. — DM/Fr 11.80, S 94,–

Deutsche Spezialitäten (5025) Von R. Piwitt, 64 S., 37 Farbfotos, Pappband. — DM/Fr 11.80, S 94,–

Exotisches Obst und Gemüse Rezepte für Vorspeisen, Hauptgerichte und Desserts. (5114) Von Christiane Stephan, 64 S., 58 Farbfotos, Pappband. — DM/Fr 12.80, S 98,–

Französisch kochen (5016) Von Margrit Gutta, 64 S., 35 Farbfotos, Pappband. — DM/Fr 11.80, S 94,–

Italienische Küche (5026) Von Margrit Gutta 64 S., 35 Farbfotos, Pappband. — DM/Fr 12.80, S 98,–

Japanische Küche schmackhaft und bekömmlich. (5087) Von Hiroko Toi, 64 S., 36 Farbfotos, Pappband. — DM/Fr 12.80, S 98,–

Nordische Küche Speisen und Getränke von der Küste. (5082) Von Jutta Kürtz, 64 S., 44 Farbfotos, Pappband. — DM/Fr 11.80, S 94,–

Ostasiatische Küche schmackhaft und bekömmlich. (5066) Von Taki Sozuki, 64 S., 39 Farbfotos, Pappband. — DM/Fr 11.80, S 94,–

Portugiesische Küche und Weine Kulinarische Reise durch Portugal. (0607) Von Enrique Kasten, ca. 96 S., 16 Farbtafeln, kartoniert. Voraussichtl. Erscheinungstermin: Februar 1982. — ca.* DM/Fr 9.80, S 78,–

Köstliche Pizzas, Toasts, Pasteten (5081) Von Anneliese und Gerhard Eckert, 64 S., 48 Farbfotos, Pappband. — DM/Fr 11.80, S 94,–

Raffinierte Rezepte mit Oliven (5119) Von Lutz Helger, 64 S., 53 Farbfotos, 4 Zeichnungen, Pappband. — DM/Fr 14.80, S 118,–

Fondues und fritierte Leckerbissen. (0471) Von Stefanie Stein, 80 S., 8 Farbtafeln, kartoniert. — DM/Fr 6.80, S 55,–

Fondues (5006) Von Eva Exner, 64 S., 50 Farbfotos, Pappband. — DM/Fr 11.80, S 94,–

Der schön gedeckte Tisch (5005) Von Rolf Stender, 64 S., 60 Farbfotos, Pappband. — DM/Fr 11.80, S 94,–

Fondues · Raclettes · Flambiertes (4081) Von Renate Peiler und Marie-Louise Schult, 136 S., 15 Farbtafeln, 28 Zeichnungen, kartoniert. — DM/Fr 12.80, S 98,–

Rezepte rund um Raclette und Hobby-Rechaud (0420) Von Jack W. Hochscheid, 72 S., 8 Farbtafeln, kartoniert. — DM/Fr 7.80, S 65,–

Neue, raffinierte Rezepte mit dem Raclettegrill (0558) Von Lutz Helger, 56 S., 8 Farbtafeln, kartoniert. — DM/Fr 7.80, S 65,–

Kalte Platten (4064) Von Maître Pierre Pfister, 240 S., 135 großformatige Farbfotos, gebunden. — DM/Fr 48,–, S 384,–

Kalte Platten – Kalte Büfetts (5015) Von Margrit Gutta, 64 S., 34 Farbfotos, Pappband. — DM/Fr 11.80, S 94,–

Kleine Kalte Küche für Alltag und Feste. (5097) Von Anneliese und Gerhard Eckert, 64 S., 45 Farbfotos, Pappband. — DM/Fr 11.80, S 94,–

Kalte Happen und Partysnacks. (5029) Von Dolly Peters, 64 S., 35 Farbfotos, Pappband. — DM/Fr 11.80, S 94,–

Salate (4119) Von Christine Schönherr, 240 S., 115 Farbfotos, gebunden, mit vierfarbigem Schutzumschlag. Voraussichtl. Erscheinungstermin: März 1982. — ca.* DM/Fr 48,–, S 384,–

Salate für alle Gelegenheiten. (5002) Von Elke Fuhrmann, 64 S., 47 Farbfotos, Pappband. — DM/Fr 11.80, S 94,–

88 köstliche Salate Erprobte Rezepte mit Pfiff. (0222) Von Christine Schönherr, 104 S., 8 Farbtafeln, kartoniert. — DM/Fr 8.80, S 70,–

Kuchen und Torten (5067) Von Klaus Groth, 64 S., 42 Farbfotos, Pappband. — DM/Fr 11.80, S 94,–

Schönes Hobby: Backen Erprobte Rezepte mit modernen Backformen. (0451) Von Elke Blome, 96 S., 8 Farbtafeln, kartoniert. — DM/Fr 6.80, S 55,–

Kleingebäck Plätzchen · Kekse · Guetzli. (5089) Von Margrit Gutta, 64 S., 50 Farbfotos, Pappband. — DM/Fr 11.80, S 94,–

Waffeln süß und pikant. (0522) Von Christiane Stephan, 64 S., 4 Farbtafeln, kartoniert. — DM/Fr 6.80, S 55,–

Backen (4113) Von Margrit Gutta, 240 S., 123 Farbfotos, gebunden. **DM**/Fr **48,–** S 384,–

Brotspezialitäten backen und kochen. (5088) Von Jack W. Hochscheid und Lutz Helger, 64 S., 50 Farbfotos, Pappband. **DM**/Fr **11.80** S 94,–

Selbst Brotbacken Über 50 erprobte Rezepte. (0370) Von Jens Schiermann, 80 S., 6 Zeichnungen, 4 Farbtafeln, kartoniert. **DM**/Fr **6.80** S 55,–

Mixen mit und ohne Alkohol (5017) Von Holger Hofmann, 64 S., 35 Farbfotos, Pappband. **DM**/Fr **11.80** S 94,–

Cocktails und Mixereien (0075) Von Jonny Walker, 104 S., 25 Zeichnungen, kartoniert. **DM**/Fr **6.80** S 55,–

Neue Cocktails und Drinks mit und ohne Alkohol. (0517) Von Siegfried Späth, 128 S., 4 Farbtafeln, Pappband. **DM**/Fr **9.80** S 78,–

Rund um den Rum Von der Feuerzangenbowle zum Karibiksteak. (5053) Von Holger Hofmann, 64 S., 32 Farbfotos, Pappband. **DM**/Fr **12.80** S 98,–

Die besten Punsche, Grogs und Bowlen (0575) Von Friedel Dingden, 64 S., 2 Farbtafeln, kartoniert. **DM**/Fr **6.80** S 55,–

Kaffee für Genießer (0492) Von Christiane Barthel, 88 S., 8 Farbtafeln, kartoniert. **DM**/Fr **6.80** S 55,–

Heißgeliebter Tee Sorten, Rezepte und Geschichten. (4114) Von Curt Maronde, 153 S., 16 Farbtafeln, 93 Zeichnungen, gebunden. **DM**/Fr **24.80** S 198,–

Tee für Genießer Sorten · Riten · Rezepte. (0356) Von Marianne Nicolin, 64 S., 4 Farbtafeln, kartoniert. **DM**/Fr **5.80** S 49,–

Tee Herkunft · Mischungen · Rezepte. (0515) Von Sonja Ruske, 96 S., 4 Farbtafeln, viele Abbildungen, Pappband. **DM**/Fr **9.80** S 78,–

Gesundheit und Schönheit

Die Frau als Hausärztin (4072) Von Dr. med. Anna Fischer-Dückelmann, 808 S., 16 Farbtafeln, 174 s/w-Fotos, 238 Zeichnungen, gebunden. **DM**/Fr **58,–** S 460,–

Heiltees und Kräuter für die Gesundheit (4123) Von Gerhard Leibold, ca. 136 S., 15 Farbtafeln, kartoniert. Voraussichtl. Erscheinungstermin: März 1982. ca.* **DM**/Fr **12.80** S 98,–

Der praktische Hausarzt (4100) Von Dr. med. R. Jäkel, 608 S., 201 s/w-Fotos, 118 Zeichnungen, Pappband. **DM**/Fr **24.80** S 198,–

Das große Hausbuch der Naturheilkunde (4052) Von Gerhard Leibold, 386 S., 18 Farbfotos, 8 s/w-Fotos, 196 Zeichnungen, gebunden. **DM**/Fr **34,–** S 272,–

Autogenes Training Anwendung · Heilwirkungen · Methoden. (0541) Von Rolf Faller, 128 S., 3 Zeichnungen, kartoniert. **DM**/Fr **9.80** S 78,–

Eigenbehandlung durch Akupressur Heilwirkungen – Energielehre – Meridiane. (0417) Von Gerhard Leibold, 152 S., 78 Abbildungen, kartoniert. **DM**/Fr **9.80** S 78,–

Hypnose und Autosuggestion Methoden – Heilwirkungen – praktische Beispiele. (0483) Von Gerhard Leibold, 116 S., kartoniert. **DM**/Fr **7.80** S 65,–

Tanz und Spiele für Bewegungsbehinderte Ein Anfängerkurs für alle, die mitmachen wollen. Empfohlen vom Bundesverband für Tanztherapie e.V. (0581) Von Wally Kaechele, 96 S., 105 s/w-Fotos, 9 Zeichnungen, kartoniert, Spiralbindung. **DM**/Fr **19.80** S 158,–

Die Brot-Diät ein Schlankheitsplan ohne Extreme. (0452) Von Prof. Dr. Erich Menden und Waltraute Aign, 92 S., 8 Farbtafeln, kartoniert. **DM**/Fr **6.80** S 55,–

Neue Rezepte für Diabetiker-Diät Vollwertig-abwechslungsreich-kalorienarm (0418) Von Monika Oehlrich, 120 S., 8 Farbtafeln, kartoniert. **DM**/Fr **9.80** S 78,–

Wer schlank ist, lebt gesünder Tips und Rezepte zum Schlankwerden und -bleiben. (0562) Von Renate Mainer, 80 S., 8 Farbtafeln, kartoniert. **DM**/Fr **7.80** S 65,–

Die 4444-Joule-Diät Schlankessen mit Genuß. (0530) Von Hans J. Fahrenkamp, 160 S., 8 Farbtafeln, kartoniert. **DM**/Fr **9.80** S 78,–

Rohkost abwechslungsreich · schmackhaft · gesund. (5044) Von Ingrid Gabriel, 64 S., 40 Farbfotos, Pappband. **DM**/Fr **12.80** S 98,–

Alles mit Joghurt tagfrisch selbstgemacht mit vielen Rezepten. (0382) Von Gerda Volz, 88 S., 8 Farbtafeln, kartoniert. **DM**/Fr **7.80** S 65,–

Falken-Handbuch **Heilkräuter** Modernes Lexikon der Pflanzen und Anwendungen. (4076) Von Gerhard Leibold, 392 S., 183 Farbfotos, gebunden. **DM**/Fr **36,–** S 288,–

Kalorien – Joule Eiweiß · Fett · Kohlenhydrate tabellarisch nach gebräuchlichen Mengen. (0374) Von Marianne Bormio, 88 S., kartoniert. **DM**/Fr **4.80** S 39,–

Schönheitspflege Kosmetische Tips für jeden Tag. (0493) Von Heide Zander, 180 S., 25 Abbildungen, kartoniert. **DM**/Fr **7.80** S 65,–

10 Minuten täglich Tele-Gymnastik (5102) Von Beate Manz und Kafi Biermann, 128 S., 381 Abbildungen, kartoniert. — **DM**/Fr **12.80** S 98,–

Gesund und fit durch Gymnastik (0366) Von Hannelore Pilss-Samek, 132 S., 150 Abbildungen, kartoniert. — **DM**/Fr **7.80** S 65,–

Yoga für jeden (0341) Von Kareen Zebroff, 156 S., 135 Abbildungen, kartoniert. — **DM**/Fr **20.–** S 160,–

Gesundheit und Spannkraft durch Yoga (0321) Von Lothar Frank und Ursula Ebbers, 112 S., 50 s/w-Fotos, kartoniert. — **DM**/Fr **7.80** S 65,–

Yoga gegen Haltungsschäden und Rückenschmerzen (0394) Von Alois Raab, 104 S., 215 Abbildungen, kartoniert. — **DM**/Fr **6.80** S 55,–

Briefsteller

Moderne Korrespondenz (4014) Von Hans Kirst und Wolfgang Manekeller, 568 S., gebunden. — **DM**/Fr **39,–** S 312,–

Der neue Briefsteller (0060) Von I. Wolter-Rosendorf, 112 S., kartoniert. — **DM**/Fr **5.80** S 49,–

Geschäftliche Briefe des Privatmanns, Handwerkers und Kaufmanns. (0041) Von Alfred Römer, 96 S., kartoniert. — **DM**/Fr **5.80** S 49,–

Behördenkorrespondenz Musterbriefe – Anträge – Einsprüche. (0412) Von Elisabeth Ruge, 120 S., kartoniert. — **DM**/Fr **6.80** S 55,–

Musterbriefe für alle Gelegenheiten. (0231) Herausgegeben von Olaf Fuhrmann, 240 S., kartoniert. — **DM**/Fr **9.80** S 78,–

Privatbriefe Muster für alle Gelegenheiten. (0114) Von Irmgard Wolter-Rosendorf, 132 S., kartoniert. — **DM**/Fr **6.80** S 55,–

Worte und Briefe der Anteilnahme (0464) Von Elisabeth Ruge, 128 S., mit vielen Abbildungen, kartoniert. — **DM**/Fr **6.80** S 55,–

Großes Buch der Reden und Ansprachen für jeden Anlaß. (4009) Herausgegeben von F. Sicker, 454 S., Lexikonformat, gebunden. — **DM**/Fr **39,–** S 312,–

Die Redekunst · Rhetorik · Rednererfolg (0076) Von Kurt Wolter, überarbeitet von Dr. W. Tappe, 80 S., kartoniert. — **DM**/Fr **4.80** S 39,–

Festreden und Vereinsreden Ansprachen für festliche Gelegenheiten. (0069) Von K. Lehnhoff und E. Ruge, 88 S., kartoniert. — **DM**/Fr **4.80** S 39,–

In Anerkennung Ihrer..., Lob und Würdigung in Briefen und Reden (0535) Von Hans Friedrich, 136 S., kartoniert. — **DM**/Fr **7.80** S 65,–

Erfolgreiche Kaufmannspaxis Wirtschaftliche Grundlagen, Geld, Kreditwesen, Steuern, Betriebsführung, Recht, EDV. (4046) Von Wolfgang Göhler, Herbert Gölz, Manfred Heibel, Dr. Detlev Machenheimer, mit einem Vorwort von Dr. Karl Obermayr, 544 S., gebunden. — **DM**/Fr **34,–** S 272,–

Erfolgreiche Bewerbungsbriefe und Bewerbungsformen. (0138) Von W. Manekeller, 88 S., kartoniert. — **DM**/Fr **4.80** S 39,–

Die erfolgreiche Bewerbung Bewerbung und Vorstellung. (0173) Von Wolfgang Manekeller, 156 S., kartoniert. — **DM**/Fr **8.80** S 70,–

Lebenslauf und Bewerbung Beispiele für Inhalt, Form und Aufbau. (0428) Von Hans Friedrich, 112 S., kartoniert. — **DM**/Fr **5.80** S 49,–

Zeugnisse im Beruf richtig schreiben richtig verstehen. (0544) Von Hans Friedrich, 112 S., kartoniert. — **DM**/Fr **9.80** S 78,–

Fortbildung und Beruf

Schülerlexikon der Mathematik Formeln, Übungen und Begriffserklärungen für die Klassen 5-10. (0430) Von Robert Müller, 176 S., 96 Zeichnungen, kartoniert. — **DM**/Fr **9.80** S 78,–

Mathematische Formeln für Schule und Beruf Mit Beispielen und Erklärungen. (0499) Von Robert Müller, 156 S., 210 Zeichnungen, kartoniert. — **DM**/Fr **9.80** S 78,–

Rechnen aufgefrischt für Schule und Beruf. (0100) Von Helmut Rausch, 144 S., kartoniert. — **DM**/Fr **6.80** S 55,–

Buchführung leicht gefaßt. Ein Leitfaden für Handwerker und Gewerbetreibende. (0127) Von H.R. Pohl, 104 S., kartoniert. — **DM**/Fr **7.80** S 65,–

So lernt man leicht und schnell **Maschinenschreiben** (0568) Lehrbuch für Selbstunterricht und Kurse. Von Jean W. Wagner, 80 S., 31 s/w-Fotos, 36 Zeichnungen, kartoniert, Spiralbindung. — **DM**/Fr **19.80** S 158,–

Maschinenschreiben durch Selbstunterricht Teil 1. (0170) Von A. Fonfara, 84 S., mit vielen Abbildungen, kartoniert. — **DM**/Fr **5.80** S 49,–

Maschinenschreiben durch Selbstunterricht Teil 2. (0252) Von Hanns Kaus, 84 S., kartoniert. — **DM**/Fr **5.80** S 49,–

Stenografie – leicht gelernt im Kursus oder Selbstunterricht. (0266) Von Hanns Kaus, 64 S., kartoniert. — **DM**/Fr **5.80** S 49,–

Mehr Erfolg in der Schule und Beruf **Besseres Deutsch** mit Übungen und Beispielen für: Rechtschreibung, Diktate, Zeichensetzung, Aufsätze, Grammatik, Literaturbetrachtung, Stil, Briefe, Fremdwörter, Reden. (4115) Von Kurt Schreiner, 444 S., 7 s/w-Fotos, 27 Zeichnungen, Pappband. — **DM**/Fr **29.80** S 238,–

Richtiges Deutsch Rechtschreibung · Zeichensetzung · Grammatik · Stilkunde. (0551) Von Kurt Schreiner, 128 S., kartoniert. — **DM**/Fr **9.80** S 78,–

Aufsätze besser schreiben Förderkurs für die Klassen 4-10. (0429) Von Kurt Schreiner, 144 S., 4 s/w-Fotos, 27 Zeichnungen, kartoniert. — **DM**/Fr **9.80** S 78,–

Diktate besser schreiben Übungen zur Rechtschreibung für die Klassen 4-8. (0469) Von Kurt Schreiner, 149 S., kartoniert. — **DM**/Fr **9.80** S 78,–

Glückwünsche

Großes Buch der Glückwünsche (0255) Herausgegeben von Olaf Fuhrmann, 240 S., 64 Zeichnungen und viele Gestaltungsvorschläge, kartoniert. — **DM**/Fr **9.80** S 78,–

Neue Glückwunschfibel für Groß und Klein. (0156) Von Reneé Christian-Hildebrandt, 96 S., kartoniert. — **DM**/Fr **4.80** S 39,–

Glückwunschverse für Kinder (0277) Von Bettina Ulrici, 80 S., kartoniert. — **DM**/Fr **4.80** S 39,–

Verse fürs Poesiealbum (0241) Von Irmgard Wolter, 96 S., 20 Abbildungen, kartoniert. — **DM**/Fr **4.80** S 39,–

Rosen, Tulpen, Nelken... **Beliebte Verse fürs Poesiealbum** (0431) Von Waltraud Pröve, 96 S., mit Faksimile-Abbildungen, kartoniert. — **DM**/Fr **5.80** S 49,–

Von der Verlobung zur Goldenen Hochzeit Vorbereitung · Festgestaltung · Glückwünsche. (0393) Von Elisabeth Ruge, 120 S., kartoniert. — **DM**/Fr **6.80** S 55,–

Hochzeitszeitungen Muster, Tips und Anregungen. (0288) Von Hans-Jürgen-Winkler, mit vielen Text- und Gestaltungsanregungen, 116 S., 15 Abbildungen, 1 Musterzeitung, kartoniert. — **DM**/Fr **6.80** S 55,–

Die Silberhochzeit Vorbereitung · Einladung · Geschenkvorschläge · Festablauf · Menüs · Reden · Glückwünsche. (0542) Von Karin F. Merkle, 120 S., 41 Zeichnungen, kartoniert.	**DM**/Fr **9.80** S 78,–
Poesiealbumverse Heiteres und Besinnliches. (0578) Von Anne Göttling, 112 S., 20 Abbildungen, Pappband.	**DM**/Fr **14.80** S 118,–
Kindergedichte zur Grünen, Silbernen und Goldenen Hochzeit (0318) Von Hans-Jürgen Winkler, 104 S., 20 Abbildungen, kartoniert.	**DM**/Fr **5.80** S 49,–
Ins Gästebuch geschrieben (0576) Von Kurt H. Trabeck, 96 S., 24 Zeichnungen, kartoniert.	**DM**/Fr **7.80** S 65,–
Trinksprüche, Richtsprüche, Gästebuchverse (0224) Von Dieter Kellermann, 80 S., kartoniert.	**DM**/Fr **4.80** S 39,–

Deutsch für Ausländer

Deutsch für Ausländer im Selbstunterricht Ausgabe für Spanier (0253) Von Juan Manuel Puente und Ernst Richter, 136 S., 62 Zeichnungen, kartoniert.	**DM**/Fr **9.80** S 78,–
Ausgabe für Italiener (0254) Von Italo Nadalin und Ernst Richter, 156 S., 62 Zeichnungen, kartoniert.	**DM**/Fr **9.80** S 78,–
Ausgabe für Jugoslawen (0261) Von I. Hladek und Ernst Richter, 132 S., 62 Zeichnungen, kartoniert.	**DM**/Fr **9.80** S 78,–
Ausgabe für Türken (0262) Von B.I. Rasch und Ernst Richter, 136 S., 62 Zeichnungen, kartoniert.	**DM**/Fr **9.80** S 78,–
Deutsch – Ihre neue Sprache. Grundbuch (0327) Von H.J. Demetz und J.M. Puente, 204 S., mit über 200 Abbildungen, kartoniert.	**DM**/Fr **14.80** S 118,–
Glossar Italienisch (0329) Von H.J. Demetz und J.M. Puente, 74 S., kartoniert.	**DM**/Fr **9.80** S 78,–
In gleicher Ausstattung: Glossar Spanisch (0330)	**DM**/Fr **9.80** S 78,–
Glossar Serbokroatisch (0331)	**DM**/Fr **9.80** S 78,–
Glossar Türkisch (0332)	**DM**/Fr **9.80** S 78,–
Glossar Arabisch (0335)	**DM**/Fr **9.80** S 78,–
Glossar Englisch (0336)	**DM**/Fr **9.80** S 78,–
Glossar Französisch (0337)	**DM**/Fr **9.80** S 78,–
Deutsch – Ihre neue Sprache (0339) 2 Kompakt-Kassetten.	**DM**/Fr **36,–** S 288,–
Das Deutschbuch Ein Sprachprogramm für Ausländer, Erwachsene und Jugendliche. Autorenteam: Juan Manuel Puente, Hans-Jürgen Demetz, Sener Sargut, Marianne Spohner.	
Grundbuch Jugendliche (4915) Von Puente, Demetz, Sargut, Spohner, Hirschberger, Kersten, von Stolzenwaldt, 256 S., durchgehend zweifarbig, kartoniert.	**DM**/Fr **19.80** S 158,–
Grundbuch Erwachsene (4901) Von Puente, Demetz, Sargut, Spohner, 292 S., durchgehend zweifarbig, kartoniert.	**DM**/Fr **24.80** S 198,–

Arbeitsheft zum Grundbuch Erwachsene und Jugendliche. (4903) Von Puente, Demetz, Sargut, Spohner, 160 S., durchgehend zweifarbig, kartoniert.	**DM**/Fr **16.80** S 134,–
Aufbaukurs (4902) Von Puente, Sargut, Spohner, 230 S., durchgehend zweifarbig, kartoniert.	**DM**/Fr **22.80** S 182,–
Lehrerhandbuch Grundbuch Erwachsene (4904) 144 S., kartoniert.	**DM**/Fr **14.80** S 118,–
Lehrerhandbuch Grundbuch Jugendliche (4929) 120 S., kartoniert.	**DM**/Fr **14.80** S 118,–
Lehrerhandbuch Aufbaukurs (4930) 64 S., kartoniert.	**DM**/Fr **9.80** S 78,–
Glossare Erwachsene. Türkisch (4906) 100 S., kartoniert.	**DM**/Fr **9.80** S 78,–
Englisch (4912) 100 S., kartoniert.	**DM**/Fr **9.80** S 78,–
Französisch (4911) 104 S., kartoniert.	**DM**/Fr **9.80** S 78,–
Spanisch (4909) 98 S., kartoniert.	**DM**/Fr **9.80** S 78,–
Italienisch (4908) 100 S., kartoniert.	**DM**/Fr **9.80** S 78,–
Serbokroatisch (4914) 100 S., kartoniert.	**DM**/Fr **9.80** S 78,–
Griechisch (4907) 102 S., kartoniert.	**DM**/Fr **9.80** S 78,–
Portugiesisch (4910) 100 S., kartoniert.	**DM**/Fr **9.80** S 78,–
Polnisch (4913) 102 S., kartoniert.	**DM**/Fr **9.80** S 78,–
Arabisch (4905) 100 S., kartoniert.	**DM**/Fr **9.80** S 78,–
Glossare Jugendliche Türkisch (4927) 105 S., kartoniert.	**DM**/Fr **9.80** S 78,–
In Vorbereitung Glossare Jugendliche: Italienisch, Spanisch, Serbokroatisch, Griechisch.	
Tonband Grundbuch Erwachsene (4916) Ø 18 cm.	**DM**/Fr **125,–** S 1000,–
Tonband Grundbuch Jugendliche (4917) Ø 18 cm.	**DM**/Fr **125,–** S 1000,–
Tonband Aufbaukurs (4918) Ø 18 cm.	**DM**/Fr **125,–** S 1000,–
Tonband Arbeitsheft (4919) Ø 18 cm.	**DM**/Fr **89,–** S 712,–
Kassetten Grundbuch Erwachsene (4920) 2 St. á 90 min. Laufzeit.	**DM**/Fr **39,–** S 312,–
Kassetten Grundbuch Jugendliche (4921) 2 St. á 90 min. Laufzeit.	**DM**/Fr **39,–** S 312,–
Kassetten Aufbaukurs (4922) 2 St. à 90 min. Laufzeit.	**DM**/Fr **39,–** S 312,–
Kassette Arbeitsheft (4923) 60 min. Laufzeit.	**DM**/Fr **19.80** S 158,–

Overheadfolien Grundbuch Erwachsene (4924) 60 St. — **DM**/Fr **159,–** S 1270,–

Overheadfolien Grundbuch Jugendliche (4925) 59 St. — **DM**/Fr **159,–** S 1270,–

Overheadfolien Aufbaukurs (4931) 54 St. — **DM**/Fr **159,–** S 1270,–

Diapositive Grundbuch Erwachsene (4926) 300 St. — **DM**/Fr **398,–** S 3184,–

Bildkarten zum Grundbuch Jugendliche und Erwachsene, (4928) 200 St. — **DM**/Fr **159,–** S 1270,–

Denksport

Denksport und Schnickschnack für Tüftler und fixe Köpfe. (0362) Von Jürgen Barto, 100 S., 45 Abbildungen, kartoniert. — **DM**/Fr **6.80** S 55,–

Quiz Mehr als 1500 ernste und heitere Fragen aus allen Gebieten. (0129) Von R. Sautter und W. Pröve, 92 S., 9 Zeichnungen, kartoniert. — **DM**/Fr **5.80** S 49,–

Der große Rätselknacker Über 100.000 Rätselfragen. (4022) Zusammengestellt von H.J. Winkler, 544 S., kartoniert. — **DM**/Fr **19.80** S 158,–

Großes Rätsel-ABC (0246) Von H. Schiefelbein, 416 S., Pappband. — **DM**/Fr **16.80** S 134,–

Rätsel lösen – ein Vergnügen Ein Lexikon für Rätselfreunde. (0182) Von Erich Maier, 240 S., kartoniert. — **DM**/Fr **9.80** S 78,–

Der Würfel Lösungswege (0565) Von Josef Trajber, 144 S., 887 Diagramme, kartoniert. — **DM**/Fr **6.80** S 55,–

Als Pappband. — **DM**/Fr **12.80** S 98,–

Der Würfel für Fortgeschrittene Neue Züge · Neue Muster · 3-D-Logik. Mit Lösungswegen für Walzenwürfel und Teufelstonne. (0590) Von Josef Trajber, 144 S., 879 Diagramme, kartoniert. — **DM**/Fr **6.80** S 55,–

Zauberturm, Teufelstonne und magische Pyramide (0606) Von Michael Mrowka, Wolfgang Weber, 128 S., 525 Zeichnungen, kartoniert. — **DM**/Fr **6.80** S 55,–

Die Zauberschlange (0609) Von Michael Balfour, 96 S., 170 Zeichnungen, kartoniert. — **DM**/Fr **6.80** S 55,–

Rätselspiele, Quiz- und Scherzfragen für gesellige Stunden. (0577) Von K.H. Schneider, 168 S., über 100 Zeichnungen, Pappband. — **DM**/Fr **16.80** S 134,–

Rate mal Scherzfragen, Ratespiele und -geschichten. (2023) Von Felicitas Buttig, 112 S., 19 Zeichnungen, kartoniert. — **DM**/Fr **9.80** S 78,–

Knobeleien und Denksport (2019) Von Klas Rechberger, 142 S., mit vielen Zeichnungen, kartoniert. — **DM**/Fr **7.80** S 65,–

Geselligkeit

Die schönsten Wander- und Fahrtenlieder (0462) Herausgegeben von Franz R. Miller, empfohlen vom Deutschen Sängerbund, 80 S., mit Noten und Zeichnungen, kartoniert. — **DM**/Fr **5.80** S 49,–

Die schönsten Volkslieder (0432) Herausgegeben von Dietmar Walther, 128 S., mit Noten und Zeichnungen, kartoniert. — **DM**/Fr **4.80** S 39,–

Die schönsten Berg- und Hüttenlieder (0514) Herausgegeben von Franz R. Miller, empfohlen vom Deutschen Sängerbund, 104 S., mit Noten und Zeichnungen, kartoniert. — **DM**/Fr **5.80** S 49,–

Wir lernen tanzen Standard- und lateinamerikanische Tänze. (0200) Von Ernst Fern, 168 S., 118 s/w-Fotos, 47 Zeichnungen, kartoniert. — **DM**/Fr **9.80** S 78,–

Tanzstunde 1 Die 11 Tänze des Welttanzprogrammes. (5018) Von Gerd Hädrich, 120 S., 372 s/w-Fotos und Schrittskizzen, Pappband. — **DM**/Fr **15,–** S 120,–

Disco-Tänze (0491) Von Barbara und Felicitas Weber, 104 S., 104 Abbildungen, kartoniert. — **DM**/Fr **6.80** S 55,–

So tanzt man Rock'n'Roll Grundschritte · Figuren · Akrobatik. (0573) Von Wolfgang Steuer und Gerhard Marz, 224 S., 303 Abbildungen, kartoniert. — **DM**/Fr **16.80** S 134,–

Wir geben eine Party (0192) Von Elisabeth Ruge, 88 S., 8 Farbtafeln, 23 Zeichnungen, kartoniert. — **DM**/Fr **6.80** S 55,–

Neue Spiele für Ihre Party (2022) Von Gerda Blechner, 120 S., 54 Zeichnungen von Fee Buttig, kartoniert. — **DM**/Fr **7.80** S 65,–

Partytänze · Partyspiele (5049) Von Wally Kaechele, 94 S., 104 Farbfotos, herausgegeben von der „tanzillustrierten", Pappband. — **DM**/Fr **12.80** S 98,–

Lustige Tanzspiele und Scherztänze für Parties und Feste. (0165) Von E. Bäulke, 80 S., 53 Abbildungen, kartoniert. — **DM**/Fr **4.80** S 39,–

Der Gute Ton Ein moderner Knigge. (0063) Von Irmgard Wolter, 168 S., 38 Zeichnungen, kartoniert. — **DM**/Fr **7.80** S 65,–

Tischkarten und Tischdekorationen (5063) Von Gabriele Vocke, 64 S., 79 Farbfotos, Pappband. — **DM**/Fr **12.80** S 98,–

Reden zum Jubiläum Musteransprachen für viele Gelegenheiten. (0595) Von Günter Georg, ca. 96 S., kartoniert. Voraussichtl. Erscheinungstermin: März 1982. — ca.* **DM**/Fr **6.80** S 55,–

Humor

Vergnügliches Vortragsbuch (0091) Von Joseph Plaut, 192 S., kartoniert. — **DM**/Fr **7.80** S 65,–

Lachen, Witz und gute Laune Lustige Texte für Ansagen und Vorträge. (0149) Von Erich Müller, 104 S., 44 Abbildungen, kartoniert. — **DM**/Fr **6.80** S 55,–

Vergnügliche Sketche (0476) Von Horst Pillau, 96 S., mit lustigen Zeichnungen, kartoniert. — **DM**/Fr **6.80** S 55,–

Heitere Vorträge (0528) Von Erich Müller, 182 S., 14 Zeichnungen, kartoniert. — **DM**/Fr **9.80** S 78,–

Die große Lachparade Neue Texte für heitere Vorträge und Ansagen. (0188) Von Erich Müller, 108 S., kartoniert. — **DM**/Fr **6.80** S 55,–

So feiert man Feste fröhlicher Heitere Vorträge und Gedichte. (0098) Von Dr. Allos, 96 S., 15 Abbildungen, kartoniert. — **DM**/Fr **5.80** S 49,–

Fidelitas und Trallala Vorschläge zur Gestaltung fröhlicher Abende. (0120) Von Dr. Allos, 104 S., viele Abbildungen, kartoniert. — **DM**/Fr **7.80** S 65,–

Lustige Vorträge für fröhliche Feiern Sketche, Vorträge und Conferencen für Karneval und fröhliche Feste. (0284) Von Karl Lehnhoff, 96 S., kartoniert. — **DM**/Fr **6.80** S 55,–

Humor und Stimmung Ein heiteres Vortragsbuch. (0460) Von Günter Wagner, 112 S., kartoniert. — **DM**/Fr **6.80** S 55,–

Tolle Sachen zum Schmunzeln und Lachen Lustige Ansagen und Vorträge. (0163) Von Erich Müller, 92 S., kartoniert. — **DM**/Fr **6.80** S 55,–

Humor für jedes Ohr Fidele Sketche und Ansagen. (0157) Von Heinz Ehnle, 96 S., kartoniert. — **DM**/Fr **6.80** S 55,–

Sketche und spielbare Witze für bunte Abende und andere Feste. (0445) Von Hartmut Friedrich, 120 S., 7 Zeichnungen, kartoniert. — **DM**/Fr **6.80** S 55,–

Sketsche Kurzspiele zu amüsanter Unterhaltung. (0247) Von Margarete Gering, 132 S., 16 Abbildungen, kartoniert. — **DM**/Fr **6.80** S 55,–

Non Stop Nonsens Sketche und Witze mit Spielanleitungen. (0511) Von Dieter Hallervorden, 160 S., gebunden. **DM**/Fr **14.80** S 118,–

Dalli-Dalli-Sketche aus dem heiteren Ratespiel von und mit Hans Rosenthal. (0527) Von Horst Pillau, 144 S., 18 Zeichnungen, kartoniert. **DM**/Fr **9.80** S 78,–

Gereimte Vorträge für Bühne und Bütt. (0567) Von Günter Wagner, 96 S., kartoniert. **DM**/Fr **7.80** S 65,–

Narren in der Bütt Leckerbissen aus dem rheinischen Karneval. (0216) Zusammengestellt von Theo Lücker, 112 S., kartoniert. **DM**/Fr **6.80** S 55,–

Rings um den Karneval Karnevalsscherze und Büttenreden. (0130) Von Dr. Allos, 136 S., kartoniert. **DM**/Fr **6.80** S 55,–

Helau + Alaaf Närrisches aus der Bütt. (0304) Von Erich Müller, 112 S., kartoniert. **DM**/Fr **6.80** S 55,–

Helau + Alaaf 2 Neue Büttenreden. (0477) Von Edmund Luft, 104 S., kartoniert. **DM**/Fr **7.80** S 65,–

Damen in der Bütt Scherze, Büttenreden, Sketche. (0354) Von Traudi Müller, 136 S., kartoniert. **DM**/Fr **6.80** S 55,–

Die besten Witze und Cartoons des Jahres 1 (0454) Herausgegeben von Karl Hartmann, 288 S., 125 Zeichnungen, gebunden. **DM**/Fr **14.80** S 118,–

Die besten Witze und Cartoons des Jahres 2 (0488) Herausgegeben von Karl Hartmann, 288 S., 148 Zeichnungen, gebunden. **DM**/Fr **14.80** S 118,–

Die besten Witze und Cartoons des Jahres 3 (0524) Herausgegeben von Karl Hartmann, 288 S., 105 Zeichnungen, Pappband. **DM**/Fr **14.80** S 118,–

Die besten Witze und Cartoons des Jahres 4 (0579) Herausgegeben von Karl Hartmann, 288 S., 140 Zeichnungen, Pappband. **DM**/Fr **14.80** S 118,–

Das große Buch der Witze (0384) Von E. Holz, 320 S., 36 Zeichnungen, gebunden. **DM**/Fr **16.80** S 134,–

Witze am laufenden Band (0461) Von Fips Asmussen, 118 S., kartoniert. **DM**/Fr **5.80** S 49,–

Witzig, witzig (0507) Von Erich Müller, 128 S., 16 Zeichnungen, kartoniert. **DM**/Fr **5.80** S 49,–

Die besten Ärztewitze (0399) Zusammengestellt von Britta Zorn, 272 S., mit 42 Karikaturen von Ulrich Fleischhauer, gebunden. **DM**/Fr **14.80** S 118,–

Die besten Beamtenwitze (0574) Herausgegeben von Waltraud Pröve, 112 S., 61 Cartoons, kartoniert. **DM**/Fr **5.80** S 49,–

Horror zum Totlachen **Gruselwitze** (0536) Von Franz Lautenschläger, 96 S., 44 Zeichnungen, kartoniert. **DM**/Fr **5.80** S 49,–

Ich lach mich kaputt! Die besten Kinderwitze (0545) Von Erwin Hannemann, 128 S., 15 Zeichnungen, kartoniert. **DM**/Fr **5.80** S 49,–

Lach mit! Witze für Kinder, gesammelt von Kindern. (0468) Herausgegeben von Waltraud Pröve, 128 S., 17 Zeichnungen, kartoniert. **DM**/Fr **5.80** S 49,–

Olympische Witze Sportlerwitze in Wort und Bild. (0505) Von Wolfgang Willnat, 112 S., 126 Zeichnungen, kartoniert. **DM**/Fr **5.80** S 49,–

Lach mit den Schlümpfen (0610) Von Peyo, 64 S., ca. 100 Zeichnungen, kartoniert. **DM**/Fr **6.80** S 55,–

Die besten Ostfriesenwitze (0495) Herausgegeben von Onno Freese, 112 S., 17 Zeichnungen, kartoniert. **DM**/Fr **5.80** S 49,–

Die besten Tierwitze (0496) Herausgegeben von Peter Hartlaub und Silvia Pappe, 112 S., 25 Zeichnungen, kartoniert. **DM**/Fr **5.80** S 49,–

Herrenwitze (0589) Von Georg Wilhelm, ca. 112 S., ca. 30 Zeichnungen, kartoniert. **DM**/Fr **5.80** S 49,–

Fred Metzlers Witze mit Pfiff (0368) Von Fred Metzler, 120 S., kartoniert. **DM**/Fr **5.80** S 49,–

O frivol ist mir am Abend Pikante Witze von Fred Metzler. (0388) Von Fred Metzler, 128 S., mit Karikaturen, kartoniert. **DM**/Fr **5.80** S 49,–

Robert Lembkes Witzauslese (0325) Von Robert Lembke, 160 S., mit 10 Zeichnungen von E. Köhler, gebunden. **DM**/Fr **14.80** S 118,–

Wilhelm-Busch-Album Jubiläumsausgabe mit 1700 farbigen Bildern. (3028) 408 S., Großformat, gebunden. **DM**/Fr **39,–** S 312,–

Spielen

Kartenspiele (2001) Von Claus D. Grupp, 144 S., kartoniert. **DM**/Fr **7.80** S 65,–

Neues Buch der siebzehn und vier Kartenspiele (0095) Von Karl Lichtwitz, 96 S., kartoniert. **DM**/Fr **6.80** S 55,–

Falken-Handbuch **Bridge** Von den Grundregeln zum Turniersport. (4092) Von Wolfgang Voigt und Karl Ritz, 276 S., 792 Zeichnungen, gebunden. **DM**/Fr **39,–** S 312,–

Spielend Bridge lernen (2012) Von Josef Weiss, 108 S., kartoniert. **DM**/Fr **7.80** S 65,–

Spieltechnik im Bridge (2004) Victor Mollo und Nico Gardener, deutsche Adaption von Dirk Schröder, 216 S., kartoniert. **DM**/Fr **16.80** S 134,–

Besser Bridge spielen Reiztechnik, Spielverlauf und Gegenspiel. (2026) Von Josef Weiss, 143 S., mit vielen Diagrammen, kartoniert. **DM**/Fr **14.80** S 118,–

Alles über Pokern Regeln und Tricks. (2024) Von Claus D. Grupp, 120 S., 29 Kartenbilder, kartoniert. **DM**/Fr **6.80** S 55,–

Romeé und Canasta in allen Variationen. (2025) Von Claus D. Grupp, 124 S., 24 Zeichnungen, kartoniert. **DM**/Fr **7.80** S 65,–

Schafkopf, Doppelkopf, Binokel, Cego, Gaigel, Jaß, Tarock und andere „Lokalspiele". (2015) Von Claus D. Grupp, 152 S., kartoniert. **DM**/Fr **9.80** S 78,–

Gesellschaftsspiele für drinnen und draußen. (2006) Von Heinz Görz, 128 S., kartoniert. — **DM**/Fr **6.80** S 55,–

Spielen mit Rudi Carell 113 Spiele für Party und Familie. (2014) Von Rudi Carell, 160 S., 50 Abbildungen, gebunden. — **DM**/Fr **14.80** S 118,–

Spiele für Theke und Stammtisch (2021) Von Claus D. Grupp, 104 S., 27 Zeichnungen, kartoniert. — **DM**/Fr **6.80** S 55,–

Roulette richtig gespielt Systemspiele, die Vermögen brachten. (0121) Von M. Jung, 96 S., zahlreiche Tabellen, kartoniert. — **DM**/Fr **6.80** S 55,–

Glücksspiele mit Kugel, Würfel und Karten. (2013) Von Claus D. Grupp, 116 S., kartoniert. — **DM**/Fr **9.80** S 78,–

Würfelspiele für jung und alt. (2007) Von Friedrich Puss, 112 S., kartoniert. — **DM**/Fr **7.80** S 65,–

Mini-Spiele für unterwegs und überall. (2016) Von Irmgard Wolter, 152 S., kartoniert. — **DM**/Fr **9.80** S 78,–

Backgammon für Anfänger und Könner. (2008) Von G.W. Fink und G. Fuchs, 116 S., 41 Abbildungen, kartoniert. — **DM**/Fr **9.80** S 78,–

Dame Das Brettspiel in allen Variationen. (2028) Von Claus D. Grupp, 104 S., viele Diagramme, kartoniert. — **DM**/Fr **9.80** S 78,–

Das japanische Brettspiel GO (2020) Von Winfried Dörholt, 104 S., 182 Diagramme, kartoniert. — **DM**/Fr **9.80** S 78,–

Das Skatspiel Eine Fibel für Anfänger. (0206) Von Karl Lehnhoff, überarbeitet von P.A. Höfges, 96 S., kartoniert. — **DM**/Fr **5.80** S 49,–

Alles über Skat (2005) Von Günter Kirschbach, 144 S., kartoniert. — **DM**/Fr **8.80** S 70,–

Patiencen in Wort und Bild. (2003) Von Irmgard Wolter, 136 S., kartoniert. — **DM**/Fr **7.80** S 65,–

Kartentricks (2010) Von T.A. Rosee, 80 S., 13 Zeichnungen, kartoniert. — **DM**/Fr **6.80** S 55,–

Neue Kartentricks (2027) Von Klaus Pankow, 104 S., 20 Abbildungen, kartoniert. — **DM**/Fr **7.80** S 65,–

Mah-Jongg Das chinesische Glücks-, Kombinations- und Gesellschaftsspiel. (2030) Von Ursula Eschenbach, ca. 80 S., 25 Fotos, kartoniert. — **DM**/Fr **9.80** S 78,–

Falken-Handbuch **Zaubern** Über 400 verblüffende Tricks. (4063) Von Friedrich Stutz, 368 S., über 1200 Zeichnungen, gebunden. — **DM**/Fr **29.80** S 238,–

Zaubertricks Das große Buch der Magie. (0282) Von Jochen Zmeck, 244 S., 113 Abbildungen, kartoniert. — **DM**/Fr **14.80** S 118,–

Zaubern einfach – aber verblüffend. (2018) Von Dieter Bouch, 84 S., mit Zeichnungen, kartoniert. — **DM**/Fr **5.80** S 49,–

Kinderbeschäftigung

Das farbige Kinderlexikon von A-Z (4059) Herausgegeben von Felicitas Buttig, 392 S., 386 farbige Abbildungen, Pappband. — **DM**/Fr **29.80** S 238,–

Punkt, Punkt, Komma, Strich (0564) Zeichenstunden für Kinder. Von Hans Witzig, 144 S., über 250 Zeichnungen, kartoniert. — **DM**/Fr **6.80** S 55,–

Einmal grad und einmal krumm Zeichenstunden für Kinder. (0599) Von Hans Witzig, 144 S., ca. 500 Zeichnungen, kartoniert. Voraussichtl. Erscheinungstermin: März 1982. — ca.* **DM**/Fr **6.80** S 55,–

Scherzfragen, Drudel und Blödeleien gesammelt von Kindern. (0506) Herausgegeben von Waltraud Pröve, 112 S., 57 Zeichnungen, kartoniert. — **DM**/Fr **5.80** S 49,–

Kartenspiele für Kinder (0533) Von Claus D. Grupp, 136 S., 24 Abbildungen, kartoniert. — **DM**/Fr **6.80** S 55,–

Kinder lernen spielend backen (5110) Von Margrit Gutta, 64 S., 50 Farbfotos, Pappband. — **DM**/Fr **11.80** S 94,–

Kinder lernen spielend kochen (5096) Von Margrit Gutta, 64 S., 45 Farbfotos, Pappband. — **DM**/Fr **11.80** S 94,–

Lirum, Larum, Löffelstiel Ein Kinder-Kochkurs. (5007) Von Ingeborg Becker, 64 S., mit vielen farbigen Abbildungen, Spiralbindung. — **DM**/Fr **9.80** S 78,–

Kinderspiele die Spaß machen. (2009) Von Helen Müller-Stein, 112 S., 28 Abbildungen, kartoniert. — **DM**/Fr **6.80** S 55,–

Spiele für Kleinkinder (2011) Von Dieter Kellermann, 80 S., kartoniert. — **DM**/Fr **5.80** S 49,–

Kinderfeste daheim und in Gruppen. (4033) Von Gerda Blecher, 240 S., 320 Abbildungen, gebunden. — **DM**/Fr **24.80** S 198,–

Kindergeburtstag Vorbereitung, Spiel und Spaß. (0287) Von Dr. Ilse Obrig, 104 S., 40 Abbildungen, 11 Zeichnungen, 9 Lieder mit Noten, kartoniert. — **DM**/Fr **5.80** S 49,–

Tipps und Tapps Maschinenschreib-Fibel für Kinder. (0274) Von Hanns Kaus, 48 S., farbige Abbildungen, kartoniert. — **DM**/Fr **5.80** S 49,–

Rat und Wissen für die ganze Familie

Advent und Weihnachten Basteln – Backen – Schmücken – Feiern. (4067) Von Margrit Gutta, Hanne Hangleiter, Felicitas Buttig, Ingeborg Rathmann, Gabriele Vocke, 152 S., 15 Farbtafeln, zahlreiche Abbildungen, kartoniert. — **DM**/Fr **12.80** S 98,–

Alterssicherung Vorsorge nach Maß. Renten-Versicherungen – Geld und Wertanlagen. (0532) Von Johannes Beuthner, 224 S., kartoniert. — **DM**/Fr **16.80** S 134,–

Die neue Lebenshilfe **Biorhythmik** Höhen und Tiefen der persönlichen Lebenskurven vorausberechnen und danach handeln. (0458) Von Walter A. Appel, 157 S., 63 Zeichnungen, Pappband. — **DM**/Fr **9.80** S 78,–

So deutet man Träume Die Bildersprache des Unbewußten. (0444) Von Georg Haddenbach, 160 S., Pappband. — **DM**/Fr **9.80** S 78,–

Sexualberatung (0402) Von Dr. Marianne Röhl, 168 S., 8 Farbtafeln, 17 Zeichnungen, Pappband. — **DM**/Fr **19.80** S 158,–

Umgangsformen heute Die Empfehlungen des Fachausschusses für Umgangsformen. (4015) 312 S., 167 s/w-Fotos und 44 Abbildungen, gebunden. — **DM**/Fr **24,–** S 192,–

Vorbereitung auf die Geburt Schwangerschaftsgymnastik, Atmung, Rückbildungsgymnastik. (0251) Von Sabine Buchholz, 112 S., 98 s/w-Fotos, kartoniert. — **DM**/Fr **6.80** S 55,–

Das Babybuch Pflege · Ernährung · Entwicklung. (0531) Von Annelore Burkert, 136 S., 8 Farbtafeln, zahlreiche s/w-Fotos, kartoniert. — **DM**/Fr **12.80** S 98,–

Wenn Sie ein Kind bekommen (4003) Von Ursula Klamroth, 240 S., 86 s/w-Fotos, 30 Zeichnungen, gebunden. — **DM**/Fr **19.80** S 158,–

Babys lernen schwimmen (0497) Von Jean Fouace, 96 S., 46 Abbildungen, kartoniert. — **DM**/Fr **9.80** S 78,–

Scheidung und Unterhalt nach dem neuen Eherecht. (0403) Von Rechtsanwalt H.T. Drewes, 109 S., mit Kosten- und Unterhaltstabellen, kartoniert. — **DM**/Fr **7.80** S 65,–

Mietrecht Leitfaden für Mieter und Vermieter. (0479) Von Johannes Beuthner, 196 S., kartoniert. — **DM**/Fr **12.80** S 98,–

Arbeitsrecht Praktischer Ratgeber für Arbeitnehmer und Arbeitgeber. (0594) Von Johannes Beuthner, ca. 192 S., kartoniert. — **DM**/Fr **16.80** S 134,–

Wie soll es heißen? (0211) Von D. Köhr, 136 S., kartoniert. — **DM**/Fr **5.80**, S 49,–

Warum bekommen wir kein Kind? (0566) Von Dr. med. Johann Klahn, ca. 112 S., viele Zeichnungen, kartoniert. Voraussichtl. Erscheinungstermin Mai 1982. — ca.* **DM**/Fr **8.80**, S 70,–

So wird das Wetter (0569) Von Joseph Braun, 144 S., 46 s/w-Fotos, 6 Zeichnungen, kartoniert. — **DM**/Fr **9.80**, S 78,–

Haus oder Eigentumswohnung Planung – Finanzierung – Bauablauf. (4070) Von Rainer Wolff, 352 S., 16 Farbtafeln, 237 Zeichnungen und Grafiken, gebunden. — **DM**/Fr **39,–**, S 312,–

So spare ich 1981/82 noch mehr Lohnsteuer/Einkommensteuer Der Lohnsteuerjahresausgleich 1981 · Die Einkommensteuererklärung 1981 · Der Antrag auf Lohnsteuerermäßigung 1982. (0605) 96 S., Formulare und Tabellen, kartoniert. — **DM**/Fr **14.80**, S 118,–

Der Rechtsberater im Haus (4048) Von Karl-Heinz Hofmeister, 528 S., gebunden. — **DM**/Fr **39,–**, S 312,–

Erbrecht und Testament Mit Erläuterungen des Erbschaftssteuergesetzes von 1974. (0046) Von Dr. jur. H. Wandrey, 124 S., kartoniert. — **DM**/Fr **6.80**, S 55,–

Straßenverkehrsrecht Beispiele · Urteile · Erläuterungen. (0498) Von Johannes Beuthner, 192 S., kartoniert. — **DM**/Fr **12.80**, S 98,–

Falken-Handbuch **Astrologie** Charakterkunde · Schicksal · Liebe und Beruf · Berechnung und Deutung von Horoskopen · Aszendenttabelle. (4068) Von B.A. Mertz, mit einem Geleitwort von Hildegard Knef, 342 S., mit 60 erläuternden Grafiken, gebunden. — **DM**/Fr **29.80**, S 238,–

Liebeshoroskop für die 12 Sternzeichen Glück und Harmonie mit Ihrem Traumpartner. Alles über Chancen, Beziehungen, Erotik, Zärtlichkeit, Leidenschaft. (0587) Von Georg Haddenbach, 144 S., 12 Zeichnungen, gebunden. — **DM**/Fr **6.80**, S 55,–

Die 12 Sternzeichen im chinesischen Horoskop (0423) Von Georg Haddenbach, 128 S., Pappband. — **DM**/Fr **9.80**, S 78,–

Falken-Astrologischer Kalender (0559) Von B.A. Mertz, 192 S., 73 s/w-Fotos, 34 Zeichnungen, 58 Vignetten, kartoniert. — **DM**/Fr **9.80**, S 78,–

Aztekenhoroskop Deutung von Liebe und Schicksal nach dem Aztekenkalender. (0543) Von Christa-Maria und Richard Kerler, 160 S., 20 Zeichnungen, Pappband. — **DM**/Fr **9.80**, S 78,–

Das Super-Horoskop (0465) Von Georg Haddenbach, 175 S., Pappband. — **DM**/Fr **9.80**, S 78,–

Die 12 Sternzeichen Charakter, Liebe und Schicksal. (0385) Von Georg Haddenbach, 160 S., Pappband. — **DM**/Fr **9.80**, S 78,–

Selbst Wahrsagen mit Karten Die Zukunft in Liebe, Beruf und Finanzen. (0404) Von Rhea Koch, 112 S., viele Abbildungen, Pappband. — **DM**/Fr **9.80**, S 78,–

Wahrsagen mit Tarot-Karten (0482) Von Edwin J. Nigg, 112 S., 4 Farbtafeln, 52 s/w-Abbildungen, Pappband. — **DM**/Fr **14.80**, S 118,–

Falls durch besondere Umstände Preisänderungen notwendig werden, erfolgt Auftragserledigung zu dem bei der Lieferung gültigen Preis

Bestellschein FALKEN VERLAG

Erfüllungsort und Gerichtsstand für Vollkaufleute ist der jeweilige Sitz der Lieferfirma. Für alle übrigen Kunden gilt dieser Gerichtsstand für das Mahnverfahren.

Ich bestelle hiermit aus dem Falken Verlag GmbH, Postfach 1120, D-6272 Niedernhausen/Ts., durch die Buchhandlung:

Ex. ____________________

Ex. ____________________

Ex. ____________________

Ex. ____________________

Ex. ____________________

Ex. ____________________

Name: ____________________

Straße: __________ Ort: __________

Datum: __________ Unterschrift: __________

FALKEN VERLAG